当代中国微记录

GLIMPSES OF CONTEMPORARY CHINA

『中国人的口福』

DELIGHTS OF CHINESE CUISINE

李禄兴 主编

李禄兴　杨红梅 编著

Chief compiler: Li Luxing

Compilers: Li Luxing　Yang Hongmei

SinolinguA

华语教学出版社

First Edition 2019

ISBN 978-7-5138-1633-5

Published by Sinolingua Co., Ltd
24 Baiwanzhuang Road, Beijing 100037, China
Tel: (86)10-68320585 68997826
Fax: (86)10-68997826 68326333
http://www.sinolingua.com.cn
E-mail: hyjx@sinolingua.com.cn
Facebook: www.facebook.com/sinolingua
Printed by Beijing Xicheng Printing Co. Ltd

Printed in the People's Republic of China

编者的话

近年来，中国在国际上的影响力逐渐增强，很多人渴望了解中国，不仅想了解中国的古老文明，更希望了解当下的中国社会和普通中国人的日常生活。另外，随着孔子学院和孔子课堂在世界各地生根，大量学生，特别是中小学生在学习汉语过程中希望通过语言学习更直接地认识这个古老国家的今天是什么样子的。同时，笔者根据在海外多年的教学经历也体会到，如果一个学生对使用该语言的国家一无所知或知之不多，往往会影响他们对这种语言的学习兴趣。

了解中国，从细微处开始，于是有了这套“当代中国微记录”。这套书共10册，每一册着重介绍中国的某一方面，例如：饮食、交通、家庭，等等，针对新HSK水平考试5级以上汉语学习者，尽可能将词汇量限定在2500-3000范围以内，超范围词汇在词后直接加英文注释，以方便学习者阅读和理解。本套书以平民的视角、平实的语言和家长里短的故事性叙述，将当今中国的各个侧面展现在汉语学习者面前，汉语学习者可以边学汉语边达到了解现实中国的目的。为减轻学习者的畏难心理负担，每册书只有大概一万多汉字，并全部配有汉语拼音，附赠的拼音隐形卡可以给不需要拼音辅助的学习者提供帮助。书中有大量图片，便于学习者理解内容，对中国有更直观的认知。这套书可以作为孔子学院或孔子课堂的汉语教材使用，也可以做中国国情课的教材或汉语课外读物。

感知中国，从“当代中国微记录”开始！

编　者

目录 | CONTENTS

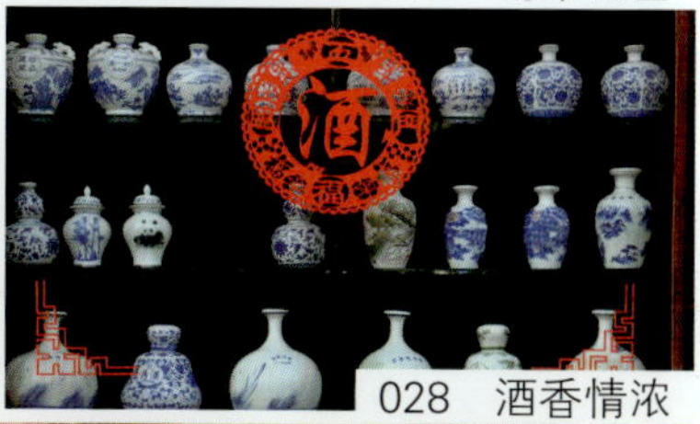

Zhōngguórén de Zǎocān Qíngjié
中国人的早餐情结

shì yí gè zàixiàn yùdìng jiǔdiàn de wǎngzhàn ,
Hotels.com 是一个在线预订酒店的网站，
rújīn tā de Zhōngguó kèhù zhōngxīn yùdào yí gè jíshǒu
如今它的中国客户中心遇到一个棘手 (thorny)
de wèntí : zǎocān zhǔnbèi shénme ? wǎngzhàn
的问题：早餐准备什么？Hotels.com 网站
de zǒngcái Dàiwéi Luóqí shuō :
的总裁 (president) 戴维·罗奇 (David Roche) 说：
“ Bùguǎn jūjiā háishi lǚxíng , sìhū Zhōngguórén dōu huì zàihu
“不管居家还是旅行，似乎中国人都会在乎
zǎocān yǒu méiyǒu báizhōu , rúcǐ xiǎo de xìjié què jīngcháng bèi
早餐有没有白粥，如此小的细节却经常被
hūshì . ” Jù Liánhéguó Shìjiè Lǚyóu Zǔzhī yùjì ,
忽视。”据联合国世界旅游组织预计，
nián Zhōngguó dàlù yóukè
2020年中国大陆游客
shùliàng jiāng dádào
数量将达到1
yì . Nàme duì chūguó
亿。那么对出国
lǚyóu de dàlù yóukè
旅游的大陆游客

láishuō， tāmen zuì guānxīn de jiùshì nénggòu chī dào tāmen běntǔ de
来说，他们最关心的就是能够吃到他们本土的
càiyáo， bìngqiě zhège wèntí sìhū shì Yàzhōu dúyǒu de xiànxiàng.
菜肴，并且这个问题似乎是亚洲独有的现象。
“Wǒmen de Měiguó hé Ōuzhōu yóukè jiù méiyǒu zhèyàng de wèntí.”
“我们的美国和欧洲游客就没有这样的问题。”
Luóqí shuō.
罗奇说。

Dànshì jǐnjǐn yīnwèi méiyǒu chǎojīdàn hé báizhōu zhèyàng de
但是仅仅因为没有炒鸡蛋和白粥这样的
zǎocān jiù néng shǐ gùkè qǔxiāo zhùdiàn ma? Shì de,
早餐就能使顾客取消 (to cancel) 住店吗？是的，
hái zhēn yǒu zhèyàng de shì, duìcǐ Luóqí shífēn kěndìng. Tā
还真有这样的事，对此罗奇十分肯定。他
juéde rúguǒ nàxiē shēn zài yìguó de Zhōngguó dàlù yóukè chī
觉得如果那些身在异国的中国大陆游客吃
dàole jiāxiāng cài, gǎnjué dào jiā de wèidào, nà tāmen jiù huì yǒu
到了家乡菜，感觉到家的味道，那他们就会有

yì zhǒngānquángǎn. Zǒngzhī, duì Zhōngguórén láishuō, zǎocān
一种安全感。总之，对中国人来说，早餐

shì yì tiānzhōngzuìzhòngyào de yì cān.
是一天中最重要的一餐。

Zhōngguórén zǎocān de pǐnzhǒng fēngfù duōyàng,
中国人早餐的品种 (variety) 丰富多样，

bùtóng de rén, yǐnshí de xíguàn bùtóng. Yào xiǎng shuō qīngchu
不同的人，饮食的习惯不同。要想说清楚

Zhōngguórén zǎocān chī shénme, shì hěn nán de wèntí. Búguò
中国人早餐吃什么，是很难的问题。不过

cóng Zhōngguó jiē shang de fànguǎn, xiǎochītān shang, bù nán
从中国街上的饭馆、小吃摊上，不难

kànchū yìbān Zhōngguórén de zǎocān chī shénme.
看出一般中国人的早餐吃什么。

Lǎo Zhāng shì diǎnxíng de Běijīngrén, tā měitiān chī de shì
老张是典型的北京人，他每天吃的是

běifāng chuántǒng de zǎocān， Bǐrú yóutiáo
北方传统的早餐，比如油条 (deep-fried dough

， bāozi ， dòufunǎo
stick)、包子 (steamed stuffed bun)、豆腐脑 (jellied

， jīdàn ， zhōu děngděng． Tā yí gè
bean curd)、鸡蛋、粥 (porridge) 等等。他一个

xīngqī yào chī liǎng cì dào sān cì yóutiáo， chī yóutiáo de shíhou， tā
星期要吃两次到三次油条，吃油条的时候，他

xǐhuan hē dòujiāng huòzhě chī dòufunǎo， zài
喜欢喝豆浆 (soya-bean milk) 或者吃豆腐脑，再

jiāshang yī-liǎng fèn xiǎocài， yí gè jīdàn， jiù chàbuduō le． Ér
加上一两份小菜、一个鸡蛋，就差不多了。而

shèngyú de nà jǐ gè zǎochén， tā yǒushíhou chī bāozi， mántou
剩余的那几个早晨，他有时候吃包子、馒头

， huājuǎn shénme de，
(steamed bun)、花卷 (steamed twisted roll) 什么的，

chī zhèxiē zhǔshí de shíhou， tā xíguàn dāpèi yì wǎn xiǎomǐzhōu，
吃这些主食的时候，他习惯搭配一碗小米粥、

dòufunǎo shénme de． Yóutiáo， dòufunǎo děng yìbān shì zài gōngsī
豆腐脑什么的。油条、豆腐脑等一般是在公司

fùjìn de fànguǎn li mǎi， yǒushíhou zhíjiē zài fànguǎn li chī．
附近的饭馆里买，有时候直接在饭馆里吃。

Mántou， huājuǎn děng yǒushíhou jiù zài jiā li rè yi rè， zhōu yě
馒头、花卷等有时候就在家里热一热，粥也

chángcháng zìjǐ áo ． Rúguǒ zài jiā li chīfàn， cài de
常常自己熬 (to boil)。如果在家里吃饭，菜的

pǐnzhǒng huì gèng duō yìxiē． Zhè jǐ niánsuízheniánlíng de zēngdà，
品种会更多一些。这几年随着年龄的增大，

Lǎo Zhāng de àirén chángcháng ràng tā duō hē niúnǎi, shuō niúnǎi
老张的爱人常常让他多喝牛奶，说牛奶

kěyǐ bǔchōng gài hé gè zhǒng wéishēngsù,
可以补充钙(calcium)和各种维生素(vitamin)，

duì réntǐ yǒu hěn dà de hǎochù, yóuqí shì duì lǎoniánrén hé háizi.
对人体有很大的好处，尤其是对老年人和孩子。

Suǒyǐ Lǎo Zhāng yě jiù chángcháng hē niúnǎi, dànshì tā zǒngshì bù
所以老张也就常常喝牛奶，但是他总是不

néng jiānchí, yǒushíhou xiǎng qǐlai jiù hē, yǒushíhou jiù wàng le.
能坚持，有时候想起来就喝，有时候就忘了。

Niánqīng de Xiǎo Liú yì jiā shēnghuó fāngshì zé wánquán bùtóng.
年轻的小刘一家生活方式则完全不同。

Tā xǐhuan chī xīshì de zǎocān, yǒushíhou yě chī zhōng-xī jiéhé de
他喜欢吃西式的早餐，有时候也吃中西结合的

zǎocān . Tā hé àirén de zǎocān jīhū yǐ miànbāo wéi zhǔ , měi
早餐。他和爱人的早餐几乎以面包为主，每
tiān de miànbāo yàngshì dōu bù yíyàng , yǒushíhou hái zìjǐ
天的面包样式都不一样，有时候还自己
dòngshǒu zuò . Niúnǎi shì tāmen yì jiā rén dōu bùkě quēshǎo de
动手做。牛奶是他们一家人都不可缺少的
zǎocān yǐnpǐn . Xiǎo liǎng kǒu hé háizi dōu bìxū yào hē niúnǎi ,
早餐饮品。小两口和孩子都必须要喝牛奶，
yīnwèi tāmen zhīdào chángqī hē niúnǎi , duì háizi fāyù hěn yǒu
因为他们知道长期喝牛奶，对孩子发育很有
hǎochù , duì zìjǐ de shēntǐ yě yǒu hǎochù . Suǒyǐ zǎocān bìxū
好处，对自己的身体也有好处。所以早餐必须
měi rén zhìshǎo yì bēi niúnǎi . Jīdàn de zuòfǎ yě hěn duō , huòzhě
每人至少一杯牛奶。鸡蛋的做法也很多，或者
zhǔ , huòzhě jiān , huòzhě zuòchéng jīdàngēng .
煮、或者煎，或者做成鸡蛋羹(egg custard)。
Jiātíng chéngyuán měi tiān měi rén zhìshǎo bǎozhèng chī yí gè jīdàn .
家庭成员每天每人至少保证吃一个鸡蛋。
Háiyǒu bùkě quēshǎo de shì shuǐguǒ , chī wán zǎocān , zài chī
还有不可缺少的是水果，吃完早餐，再吃
jǐ piàn shuǐguǒ . Shuǐguǒ de zhǒnglèi gēnjù jìjié de bùtóng ér
几片水果。水果的种类根据季节的不同而
bùtóng . Píngguǒ , júzi , lí , xīguā , cǎoméi
不同。苹果、橘子、梨、西瓜、草莓(strawberry)
děngděng , yì nián sìjì dōu bù yíyàng . Rúguǒ xiǎng huànhuan
等等，一年四季都不一样。如果想换换
kǒuwèi , tāmen yě chī zhōngcān , dàn duōshù qíngkuàng xià , dōushì
口味，他们也吃中餐，但多数情况下，都是

hē zhōu . Tāmen yì nián dàotóu jīhū bù zěnme chī yóutiáo , Xiǎo
喝粥。他们一年到头几乎不怎么吃油条，小
Liú de àirén juéde yóutiáo tài yóunì , duì shēntǐ méi shénme
刘的爱人觉得油条太油腻 (oily)，对身体没什么
hǎochù . Háizi yě xíguànle zhèyàng de zǎocān , suǒyǐ měi tiān
好处。孩子也习惯了这样的早餐，所以每天
líbukāi miànbāo , niúnǎi le .
离不开面包、牛奶了。

Xiǎo Lǚ zài Běijīng gōngzuò , lǎojiā zài wàidì . Tā gāng cānjiā
小吕在北京工作，老家在外地。他刚参加
gōngzuò bùjiǔ , hái méiyǒu jiéhūn . Yóuyú wǎnshang chángcháng
工作不久，还没有结婚。由于晚上常常
gōngzuò huòzhě wánr dào hěn wǎn , suǒyǐ zǎoshang qǐchuáng hěn
工作或者玩儿到很晚，所以早上起床很
wǎn . Tā chángcháng dào fànguǎn huòzhě lùbiān de xiǎochītān chī
晚。他常常到饭馆或者路边的小吃摊吃
zǎocān . Yīnwèi fànguǎn li chī de dōngxi hěn duō , tā jīhū měi
早餐。因为饭馆里吃的东西很多，他几乎每
tiān dōu yào huànhuan zǎocān de pǐnzhǒng . Chúle bāozi , yóutiáo
天都要换换早餐的品种。除了包子、油条
wài , tā hái jīngcháng chī miàntiáo , dàbǐng , xiànbǐng
外，他还经常吃面条、大饼 (pancake)、馅饼
, jīdànbǐng , húntun děngděng , fǎnzhèng
(meat pie)、鸡蛋饼、馄饨 (wonton) 等等，反正
jiàqián dōu chàbuduō .
价钱都差不多。

Nánfāng de zǎocān zhǒnglèi gēn běifāng yǒu suǒ bùtóng . Lìrú
南方的早餐种类跟北方有所不同。例如

Guǎngdōng yǒu hē zǎochá de xíguàn， suǒwèi “zǎochá”， qíshí
广东有喝早茶的习惯，所谓“早茶”，其实

jiùshì zǎocān. Zǎochá fēicháng fēngshèng， rúguǒ jǐ gè
就是早餐。早茶非常丰盛 (rich)，如果几个

péngyou zài yìqǐ， gèzhǒng-gèyàng de xiǎochī yǒushíhou dádào
朋友在一起，各种各样的小吃有时候达到

shí jǐ zhǒng. Yìbiān hē yìbiān liáo， shífēn yōuxián. Rúguǒ shì
十几种。一边喝一边聊，十分悠闲。如果是

yí gè rén， yě kěyǐ diǎnshàng wǔ-liù zhǒng xiǎo diǎnxīn， měi gè
一个人，也可以点上五六种小点心，每个

zhǒnglèi de liàng dōu hěn shǎo， náshàng yí fèn bàozhǐ， huòzhě
种类的量都很少，拿上一份报纸，或者

bǐjìběn， yìbiān kànbào huò shàngwǎng yìbiān chīfàn.
带上笔记本，一边看报或上网一边吃饭。

Búguò， xiànzài yě yǒu hěn duō niánqīngrén， xǐhuan zài
不过，现在也有很多年轻人，喜欢在

Màidāngláo, Kěndéjī chī zǎocān. Yángkuàicān tígōng de wàidài
麦当劳、肯德基吃早餐。洋快餐提供的外带

fúwù fēicháng fāngbiàn, jíjímángmáng qù shàngbān de niánqīngrén
服务非常方便，急急忙忙去上班的年轻人

náqǐ jiù zǒu, biān zǒu biān chī.
拿起就走，边走边吃。

Zhōngguó gè dì de tèsè zǎocān fēicháng duō, bǐrú
中国各地的特色早餐非常多，比如

Běijīng de jiāoquān dòuzhī, Tiānjīn de jiānbing guǒzi,
北京的焦圈①豆汁②，天津的煎饼果子③，

Xī'ān de húlàtāng, Tàiyuán de yángzágē, Hángzhōu de
西安的胡辣汤④，太原的羊杂割⑤，杭州的

xiǎolóngbāo, Wǔhàn de règānmiàn, Shànghǎi de húntun,
小笼包⑥，武汉的热干面⑦，上海的馄饨、

guàn tāngbāo, děngděng. Búlùn shì shénme, rèhūhū
灌汤包⑧，等等。不论是什么，热乎乎

de zǎocān wēnnuǎnle rénmen de wèi, ràng rénmen jīngshén bǎomǎn
的早餐温暖了人们的胃，让人们精神饱满

de yíngjiē yì tiān de gōngzuò shēnghuó.
地迎接一天的工作生活。

---

① crisply fried ring of dough
② fermented drink made from water used in grinding green beans
③ fried Chinese doughnut wrapped in thin mungbean flour pancake
④ spicy soup
⑤ haggis soup
⑥ steamed stuffed bun
⑦ hot dry noodles
⑧ soup dumplings

Nán Mǐ Běi Miàn

南米北面

Xiǎo Wáng gānggāng jiéhūn bùjiǔ , zuìjìn què hěn yùmèn
小王刚刚结婚不久，最近却很郁闷

. Wèi shénme ne ? Yuánlái a , zhè wèi jīngmíng
(depressed)。为什么呢？原来啊，这位精明 (smart)

qiánggàn , gǔshòurúchái de nánfāng xiǎo huǒ , qǔle yí
强干、骨瘦如柴 (bony) 的南方小伙，娶了一

wèi shēncái gāotiǎo de běifāng dà měinǚ . Hūn hòu shíjiān bù cháng ,
位身材高挑的北方大美女。婚后时间不长，

liǎng rén zài shēnghuó xìjié shang de bù xiétiáo jiù bàolù chūlai
两人在生活细节上的不协调就暴露出来

le . Zuìjìn , jiù wèile chī mǐfàn háishi chī miànshí , liǎng rén yòu
了。最近，就为了吃米饭还是吃面食，俩人又

nào máodùn le nán mǐ běi miàn ma , nánfāng nánrén Xiǎo Wáng
闹矛盾了——南米北面嘛，南方男人小王

jiānchí yào yǐ mǐfàn wéi zhǔshí， ér běifāng měinǚ zé xīwàng tiāntiān
坚持要以米饭为主食，而北方美女则希望天天

chī miànshí， zhèyàng yì lái， bù chǎojià cái guài ne！
吃面食，这样一来，不吵架才怪呢！

Jīhū suǒyǒu de Zhōngguórén dōu zhīdào yí gè gàiniàn：
几乎所有的中国人都知道一个概念：

běifāngrén xǐhuan chī miànshí， ér nánfāngrén zé líbukāi mǐfàn，
北方人喜欢吃面食，而南方人则离不开米饭，

zhè shì yīnwèi yì qiān nián qián xíngchéng de liǎng dà nóngyè bùjú
这是因为一千年前形成的两大农业布局

， yí gè shì Huáng Hé liúyù yǐ shǔ
(distribution)，一个是黄河流域以黍 (broomcorn

hé mài wéi zhǔ de hànzuònóngyè， ér lìng yí gè zé shì Cháng
millet) 和麦为主的旱作农业，而另一个则是长

Jiāng liúyù de dàozuò nóngyè. Yīncǐ chūxiànle Zhōngguó dútè de
江流域的稻作农业。因此出现了中国独特的

“nán mǐ běi miàn” zhǔshí géjú .
“南米北面”主食格局 (pattern)。

Mǐfàn， shì rénmen rìcháng yǐnshí zhōng de zhǔjué zhī yì； yí
米饭，是人们日常饮食中的主角之一；一

wèi mǐfàn， yǔ wǔwèi tiáopèi， jīhū kěyǐ gōngjǐ quánshēn suǒ
味米饭，与五味调配，几乎可以供给全身所

xū yíngyǎng. Mǐfàn shì yòng dàmǐ jiā shuǐ zhēng chéng
需营养。米饭是用大米加水蒸 (to steam) 成

de， hǎode mǐfàn róuruǎn ， yǒu xiāngwèi， chī mǐfàn de
的，好的米饭柔软 (soft)、有香味，吃米饭的

shíhou yìbān pèizhe yìxiē cài， yǒu ròulèi， yǒu shūcài. Báimǐfàn
时候一般配着一些菜，有肉类、有蔬菜。白米饭

shì hěn duō nánfāngrén jīběn de zhǔshí, chúle báimǐfàn, háiyǒu
是很多南方人基本的主食，除了白米饭，还有
dànchǎofàn, tāng pàofàn děngděng. Guǎngdōng yǒu yì zhǒng
蛋炒饭、汤泡饭等等。广东有一种
chǎofàn jiào "jīnbāoyín", jiùshì chǎo mǐfàn de guòchéng zhōng,
炒饭叫“金包银”，就是炒米饭的过程中，
bǎ dǎsǎn de jīdànyè dǎo zài mǐfàn shang, ràng měi gè mǐlì dōu
把打散的鸡蛋液倒在米饭上，让每个米粒都
zhānshàng jīdànyè. Zhèyàng, huángsè de jīdàn bāoguǒzhe báisè
粘上鸡蛋液。这样，黄色的鸡蛋包裹着白色
de mǐ, suǒyǐ jiào "jīnbāoyín". Zuò zhèzhǒng chǎofàn, zuìhòu
的米，所以叫“金包银”。做这种炒饭，最后
yào bǎ shuǐfèn dōu chǎogān, mǐlì dōu zài guō li tiàowǔ. Kànsì
要把水分都炒干，米粒都在锅里跳舞。看似
hěn jiǎndān de zuòfǎ, dàn yě shì fēicháng kǎoyàn chúshī de jìyì
很简单的做法，但也是非常考验厨师的技艺
de. Hěn duō chúshī kǎoshì jiùshì zuò zhème jiǎndān de yí gè
的。很多厨师考试就是做这么简单的一个

chǎofàn .
炒饭。

Dàmǐ de yì zhǒng yǎnshēng chǎnpǐn jiùshì nánfāngrén ài chī
大米的一种衍生产品就是南方人爱吃

de mǐfěn . Mǐfěn , shì zhǐ yǐ dàmǐ wéi
的米粉 (rice-flour noodles)。米粉，是指以大米为

yuánliào , jīng jìnpào , zhēngzhǔ , yātiáo děng gōngxù zhìchéng
原料，经浸泡、蒸煮、压条等工序制成

de tiáozhuàng , sīzhuàng mǐzhìpǐn , ér búshì cíyì shang lǐjiě
的条状、丝状米制品，而不是词义上理解

de yǐ dàmǐ wéi yuánliào yánmó zhìchéng de fěn
的以大米为原料研磨 (to grind) 制成的粉

zhuàngwù . Mǐfěn zhìdì róurèn , fùyǒu
状物。米粉质地 (texture) 柔韧 (pliable)，富有

tánxìng， shuǐzhǔ bù hú tāng， gānchǎo bú yì duàn， pèi yǐ gè zhǒng
弹性，水煮不糊汤，干炒不易断，配以各种

càimǎ huò tāngliào jìnxíng tāngzhǔ huò gānchǎo， shuǎnghuá
菜码或汤料进行汤煮或干炒，爽滑 (crisp

rùwèi， shēnshòu rénmen de xǐ'ài. Nánfāngrén duì
and tasty) 入味，深受人们的喜爱。南方人对

bǐjiào gān de shíwù nányǐ xiàyàn， yīncǐ mǐfěn yìbān dōu shì
比较干的食物难以下咽，因此米粉一般都是

zuòchéng tāngmiàn. Nánfāng hěn duō dìfang dōu yǒu zìjǐ tèsè de
做成汤面。南方很多地方都有自己特色的

mǐfěn. Fǔzhōu mǐfěn， Chángshòu mǐfěn， Shàngwén mǐfěn，
米粉。抚州米粉、长寿米粉、尚文米粉、

Xīnghuà mǐfěn， Héyuán mǐfěn， Chángdé mǐfěn， Guǎngdōng
兴化米粉、河源米粉、常德米粉、广东

tāngmǐfěn， Guìlín mǐfěn hé Táiwān Xīnzhú chūchǎn de mǐfěn dōu
汤米粉、桂林米粉和台湾新竹出产的米粉都

hěn yǒu míngqi. Bú guò zuì yǒu míngqì de dāngshǔ Guìlín mǐfěn.
很有名气。不过最有名气的当属桂林米粉。

Guìlín mǐfěn de jīnghuá zàiyú lǔshuǐ， xū yòng zhūròu，
桂林米粉的精华在于卤水 (bittern)，须用猪肉、

niúròu， yàocái， xiāngliào děng mì zhì ér chéng. Zhōngguó càiyáo
牛肉、药材、香料等秘制而成。中国菜肴

de pēngzhì fāngfǎ duōzhǒngduōyàng， ér Guìlín mǐfěn lǔshuǐ de
的烹制方法多种多样，而桂林米粉卤水的

zuòfǎ， jīhū bǎ Zhōngguócài de jìfǎ dōu yòngshàng le. Shuō
做法，几乎把中国菜的技法都用上了。说

Guìlín mǐfěn shì pēngtiáo yìshù de jīngdiǎn， yìdiǎnr yě bú guòyù.
桂林米粉是烹调艺术的经典，一点儿也不过誉。

Běifāngrén xǐhuan chī miànshí， yóuqí shì zài Héběi， Hénán，
北方人喜欢吃面食，尤其是在河北、河南、

Shāndōng， Shānxī， Shǎnxī děng shěng miànshí fēicháng pǔbiàn.
山东、山西、陕西等省面食非常普遍。

Miànshí dàduō shì xiǎomài mòchéng miànfěn hòu zài jiāgōng chéng
面食大多是小麦磨成面粉后再加工成

gèzhǒng shípǐn. Miànshí zhōng chángjiàn de shì mántou， miàntiáo，
各种食品。面食中常见的是馒头、面条、

dàbǐng， bāozi， jiǎozi děngděng.
大饼、包子、饺子等等。

Xiānshuō mántou. Mántou zài běifāng shì zuì chángjiàn de shípǐn，
先说馒头。馒头在北方是最常见的食品，

yàngzi yuányuán de， báibái de， ruǎnruǎn de. Mántou chángcháng
样子圆圆的、白白的、软软的。馒头常常

gēn gè zhǒng zhōu yìqǐ chī， zài pèishàng yìxiē cài. Mántou zài
跟各种粥一起吃，再配上一些菜。馒头在

gègè chāoshì dōu kěyǐ mǎidào， wùměi-jiàlián. Hěn
各个超市都可以买到，物美价廉。很

duō jiātíng xǐhuan zìjǐ zhēng mántou，
多家庭喜欢自己蒸馒头，

zhēng yì guō mántou， gòu
蒸一锅馒头，够

chī hǎo jǐ dùn.
吃好几顿。

Mántou shèngxià le，
馒头剩下了，

hái kěyǐ fàng zài guō
还可以放在锅

li rè yi rè . Nánfāngrén juéde mántou bǐjiào gān , hěn nán
里热一热。南方人觉得馒头比较干，很难
yàn xiàqu . Ér běifāngrén juéde mántou tǐng hǎochī
咽 (to swallow) 下去。而北方人觉得馒头挺好吃
de , yǒushíhou bù chī cài yě néng bǎ mántou chī xiàqu . Mántóu
的，有时候不吃菜也能把馒头吃下去。馒头
hái kěyǐ qiē chéng piàn , guǒshàng jīdàn , zài yóu li zhá zhe
还可以切成片，裹上鸡蛋，在油里炸着
chī . Hěn duō wàiguórén dào Zhōngguó hòu , dōu ài chī zhèzhǒng
吃。很多外国人到中国后，都爱吃这种
“zháxiǎomántou” .
“炸小馒头”。

Zàishuō miàntiáo . Hěn duō guójiā dōu yǒu miàntiáo , dàn
再说面条。很多国家都有面条，但
Zhōngguórén zuò miàntiáo yǒu hěn duō dútè de fāngfǎ , jiē shang
中国人做面条有很多独特的方法，街上
yǒu gèzhǒng tèsè de miànguǎn . Bǐrú lāmiàn
有各种特色的面馆。比如拉面 (hand-pulled
, lāmiàn shīfu náqǐ yí dàkuài miàn , bùtíng de róu
noodles)，拉面师傅拿起一大块面，不停地揉 (to
, ránhòu shǐjìn zài ànbǎn shang shuāidǎ , liǎng zhī shǒu
knead)，然后使劲在案板上摔打，两只手
bùtíng de lā , yuè lā yuè cháng , yuè lā yuè xì , jùshuō yǒu de
不停地拉，越拉越长，越拉越细，据说有的
hé tóufàsī nàme xì . Lāmiàn zuòhǎo hòu , fàng zài kāishuǐ li
和头发丝那么细。拉面做好后，放在开水里
zhǔ , yíhuìr jiù shóu le , jiāshàng yìxiē zuǒliào
煮，一会儿就熟了，加上一些佐料 (condiments)

jiù kěyǐ chī le . Zǒu zài Zhōngguó de dàjiē shang , chángcháng
就可以吃了。走在中国的大街上，常常

kěyǐ jiàndào zhèzhǒng lāmiànguǎn . Zài Zhōngguó , zuì yǒumíng de
可以见到这种拉面馆。在中国，最有名的

lāmiàn , dāng shǔ Lánzhōu lāmiàn . Lánzhōurén dōu shuō zìjǐ de
拉面，当属兰州拉面。兰州人都说自己的

zǎochen shì cóng yì wǎn niúròu lāmiàn kāishǐ de , zhège yǒuzhe yì qiān
早晨是从一碗牛肉拉面开始的，这个有着一千

duō jiā lāmiànguǎn de chéngshì , měi tiān yào xiāohào yì bǎiwàn wǎn
多家拉面馆的城市，每天要消耗一百万碗

lāmiàn . Zài Lánzhōurén xīnmù zhōng lāmiàn shì dāngzhīwúkuì de zhǔshí
拉面。在兰州人心目中拉面是当之无愧的主食

zhī wáng .
之王。

Lìngwài chángjiàn de yì zhǒng miàntiáo jiùshì dāoxiāomiàn
另外常见的一种面条就是刀削面(pared

, yòng yì bǎ tèzhì de dāo , kěyǐ bǎ yí dà kuài miàn
noodles)，用一把特制的刀，可以把一大块面

xiāochéng yì tiáo yì tiáo de . Zuò dāoxiāomiàn de shīfu fēicháng yǒu
削成一条一条的。做刀削面的师傅非常有

jìqiǎo , yǒude zhàn zài jǐ mǐ yuǎn de dìfang , jiù kěyǐ zhíjiē bǎ
技巧，有的站在几米远的地方，就可以直接把

miàntiáo xiāo jìn guō li . bǎ miàntuán jǔ zài tóudǐngshang , lián
面条削进锅里。有的把面团举在头顶上，连

kàn dōu bú kàn , jiù néng xiāochū yòu cháng yòu xì de miàntiáo .
看都不看，就能削出又长又细的面条。

Zài chāoshì de fùshípǐn guìtái , yě néng mǎidào miàntiáo ,
在超市的副食品柜台，也能买到面条，

yǒu kuān de , yě yǒu xì de . Yǒude rénjiā yě jīngcháng zìjǐ zuò
有宽的，也有细的。有的人家也经常自己做

miàntiáo , yóuqí zài nóngcūn , gǎn miàn , shì nǚháizi
面条，尤其在农村，擀 (to roll) 面，是女孩子

zài chéngwéi nǚrén de chéngcháng zhōng， bìxū yào zhǎngwò de
在成为女人的成长中，必须要掌握的
shēnghuó jìyì .
生活技艺。

Yòng miànfěn jiā shàng gè zhǒng xiànr， kěyǐ zhìchéng bāozi，
用面粉加上各种馅儿，可以制成包子、
jiǎozi， húntun děngděng . Tāmen de zhìzuò fāngfǎ hé pēngrèn
饺子、馄饨等等。它们的制作方法和烹饪
fāngfǎ yǒu hěn duō bù tóng zhī chù . Bǐrú bāozi bǐjiào dà， shì
方法有很多不同之处。比如包子比较大，是
zhēng chūlai de； jiǎozi bǐjiào xiǎo， zhǔshóu hòu jiù kěyǐ chī le；
蒸出来的；饺子比较小，煮熟后就可以吃了；
húntun de yàngzi bǐjiào tèbié， zhǔshóu hòu jiā zhuānmén de tāng，
馄饨的样子比较特别，煮熟后加专门的汤，
tōngcháng shì pèizhe zhǔshí lái chī de .
通常是配着主食来吃的。

Miànshí hái bāokuò gè zhǒng bǐnglèi de shípǐn， lìrú dàbǐng，
面食还包括各种饼类的食品，例如大饼、
shāobing děngděng . Zhèxiē bǐng yìbān shì kǎozhìchéng de，
烧饼等等。这些饼一般是烤制成的，
huómiàn de shíhou jiā shàngle yóu， yán děng， suǒyǐ làobǐng，
和面的时候加上了油、盐等，所以烙饼、
shāobing děng wǎngwǎng dōu shì yì céng yì céng de， yǒu xiánxián
烧饼等往往都是一层一层的，有咸咸
de wèidào .
的味道。

Liú Méi cóng nánfāng dào Běijīng lái shàngxué， kāishǐ hěn bù xíguàn
刘梅从南方到北京来上学，开始很不习惯

chī miànshí， juéde mántou yòu gān yòu yìng， yàn bú xiàqù. Dàn
吃面食，觉得馒头又干又硬，咽不下去。但
guòle yì niánhòu， tā fāxiàn mántou yě bú nàme nánchī. Mànmān
过了一年后，她发现馒头也不那么难吃。慢慢
de， tā yě xuéhuìle bāo jiǎozi， zhǔ miàntiáo. Jǐnguǎn rúcǐ，
的，她也学会了包饺子、煮面条。尽管如此，
Liú Méi háishi jīngcháng chī mǐfàn， duì tā láishuō， cóngxiǎo jiù chī
刘梅还是经常吃米饭，对她来说，从小就吃
mǐfàn， zhège xíguàn yǐjīng gǎi bu diào le. Xiànzài suízhe rénkǒu de
米饭，这个习惯已经改不掉了。现在随着人口的
qiānxǐ， hěn duō rén yě zài zhújiàn shìyìng dāngdì de
迁徙(migration)，很多人也在逐渐适应当地的
yǐnshí， dànshì yǐnshí xíguàn de lìliàng shì qiángdà de， yīnwèi nà
饮食，但是饮食习惯的力量是强大的，因为那
shì jiāxiāng de wèidào， shì cóng xiǎo bànsuízhe wǒmen zhǎngdà de
是家乡的味道，是从小伴随着我们长大的
wèidào.
味道。

Cóng zuì píngfán de yì guō mǐfàn， yí gè mántou， dào
从最平凡的一锅米饭，一个馒头，到
biànhuà wànqiān de jīngzhì zhǔshí， dōu shì Zhōngguórén xīnqín
变化万千的精致主食，都是中国人辛勤
láodòng， jīngyàn jīlěi de jiéjīng. Bùguǎn
劳动，经验积累的结晶(crystallization)。不管
chīxiàle duōshao jiǔshí càiyáo， zhǔshí， yǒngyuǎn dōu shì
吃下了多少酒食菜肴，主食，永远都是
Zhōngguórén cānzhuō shang zuìhòu de zhǔjué.
中国人餐桌上最后的主角。

Cháxiāng Sì Yì
茶香四溢

Chá shì Zhōngguórén shēnghuó zhōng de zhòngyào yǐnliào, hē chá jiù xiàng chīfàn yíyàng, shì hěn duō rén shēnghuó zhōng bùkě quēshǎo de. "Yì zǎo kāimén qī jiàn shì, chái mǐ yóu yán jiàng cù chá", zhè jù súyǔ xíngxiàng de shuōmíng chá zài Zhōngguó yǐjīng chéngwéi shēnrù dào shēnghuó fāngfāngmiànmiàn de

茶是中国人生活中的重要饮料，喝茶就像吃饭一样，是很多人生活中不可缺少的。“一早开门七件事，柴米油盐酱醋茶”，这句俗语形象地说明茶在中国已经成为深入到生活方方面面的

bìxūpǐn .
必需品。

Měi tiān zǎoshang , Lǎo Wáng dào bàngōngshì hòu de dì-yī jiàn
每天早上，老王到办公室后的第一件

shì jiùshì gěi zìjǐ pào shàng yì bēi rèchá . Zhè shì
事就是给自己泡 (make [tea]) 上一杯热茶。这是

tā duō nián lái xíngchéng de yì zhǒng xíguàn . Tā xǐhuan hē lǜchá ,
他多年来形成的一种习惯。他喜欢喝绿茶，

tā juéde lǜchá yǒu yì zhǒng tèbié de xiāngwèi , hēwán hòu gǎnjué
他觉得绿茶有一种特别的香味，喝完后感觉

fēicháng shūfu , jì néng jiěkě , yòu
非常舒服，既能解渴 (quench one's thirst)，又

néng tíshén . Lǎo Wáng shì gè rèxīnrén , tā
能提神 (to invigorate)。老王是个热心人，他

jīngcháng bǎ zìjǐ de hǎo cháyè sòng gěi tóngshìmen hē . Dāng
经常把自己的好茶叶送给同事们喝。当

qīnqi , péngyou gěi tā sòngle hǎo chá , xīn chá de shíhou , tā jiù
亲戚、朋友给他送了好茶、新茶的时候，他就

huì dài dào bàngōngshì , ràng dàjiā pǐncháng . "Zhè kě shì jīnnián
会带到办公室，让大家品尝。"这可是今年

de xīnchá , dàjiā dōu chángchang ." Lǎo Wáng jiā zài nánfāng ,
的新茶，大家都尝尝。"老王家在南方，

zhòngchá , chǎnchá , měi nián cháyè xiàlai de shíhou , dōu huì
种茶、产茶，每年茶叶下来的时候，都会

yǒu qīnqi jì yìxiē lái , suǒyǐ Lǎo Wáng duì chá háishì tǐng yǒu
有亲戚寄一些来，所以老王对茶还是挺有

yánjiū de .
研究的。

Qù Zhōngguórén jiāli zuòkè, rèqíng de zhǔrén dōu huì gěi
去中国人家里做客，热情的主人都会给
kèrén pàoshàng yì bēi rèchá. Dào gōngsī, jīguān děng bànshì
客人泡上一杯热茶。到公司、机关等办事
shí, rénmen yě huì wèi kèrén duān lái yì bēi chá, yònglái biǎoshì duì
时，人们也会为客人端来一杯茶，用来表示对
kèrén de guānxīn. Zài wèi kèrén pàochá qián, zhǔrén jīngcháng
客人的关心。在为客人泡茶前，主人经常
yào wèn yí jù, "Nín hē shénme chá?" "Lǜchá kěyǐ ma?"
要问一句，“您喝什么茶？”“绿茶可以吗？”
děngděng. Yīnwèi chá de zhǒnglèi shízài tài duō le, yǒuxiē rén
等等。因为茶的种类实在太多了，有些人
xíguàn hē mǒu yì zhǒng chá, yǒuxiē rén zé bú tài zàiyì shì shénme
习惯喝某一种茶，有些人则不太在意是什么
chá, zhǐyào shì chá jiù kěyǐ le.
茶，只要是茶就可以了。

Cháyè de pǐnzhǒng hěn duō,
茶叶的品种很多，
suǒyǐ, cháyè de yàngzi yě bù
所以，茶叶的样子也不
yí yàng. Yǒude shì yí piàn yí
一样。有的是一片一
piàn de, xiàng xiǎo shùyè yíyàng;
片的，像小树叶一样；
yǒude shì xiǎo yuánqiú xíngzhuàng
有的是小圆球形状
de, kāishuǐ yì chōng, jiù huì
的，开水一冲，就会

zhújiàn biànchéng piànzhuàng,
逐渐变成片状，
yǒude shì shù yá
有的是树芽(sprout)
xíngzhuàng de, yǒu yí gè xiǎo
形状的，有一个小
jiānr. Bùguǎn shénme xíngzhuàng
尖儿。不管什么形状
de cháyè, dōu yào yòng kāishuǐ
的茶叶，都要用开水
pào, bùtóng de chá duì shuǐwēn yāoqiú yě bùtóng. Yǒude bā-jiǔshí
泡，不同的茶对水温要求也不同。有的八九十
dù de shuǐ jiù kěyǐ le, yǒude zé yào jiǔshí dù yǐshàng. Dàgài
度的水就可以了，有的则要九十度以上。大概
pàoshàng jǐ fēnzhōng hòu, cháyè huì mànmān shūzhǎn kāilái, shuǐ
泡上几分钟后，茶叶会慢慢舒展开来，水
de yánsè jiù huì gǎibiàn, zhè shíhou jiù kěyǐ hē le. Děng hē wán
的颜色就会改变，这时候就可以喝了。等喝完
yì bēi hòu, cháyè búyào mǎshàng rēngdiào, hái kěyǐ jìxù dǎo
一杯后，茶叶不要马上扔掉，还可以继续倒
shuǐ, yìzhí dào méi shénme yánsè wéizhǐ. Yìbān láishuō, yì
水，一直到没什么颜色为止。一般来说，一
bēi chá kěyǐ jiā sì-wǔ cì kāishuǐ.
杯茶可以加四五次开水。

Yǒude rén hēchā fēicháng jiǎngjiu, yòng shénme chájù,
有的人喝茶非常讲究，用什么茶具、
shénme shuǐ, zěnme pào, zěnme hē dōu hěn yángé. Yǒude rén zé
什么水、怎么泡、怎么喝都很严格。有的人则

bǐjiào suíyì , zhǎo gè bēizi , fàng jìn cháyè , kāishuǐ yì chōng ,
比较随意，找个杯子，放进茶叶，开水一冲，
guò yíhuìr jiù kěyǐ hē le . Lǎo Wáng de zhuōzi shang shǐzhōng
过一会儿就可以喝了。老王的桌子上始终
fàngzhe tā de chábēi . Yóuyú ài hē chá , tā tèyì mǎile yí gè
放着他的茶杯。由于爱喝茶，他特意买了一个
zǐshābēi , zhèzhǒng bēizi kěyǐ hěn hǎo
紫砂杯 (purple clay cup)，这种杯子可以很好
de bǎochí cháyè de wèidào , suǒyǐ hěn duō rén dōu yòng zǐshābēi
地保持茶叶的味道，所以很多人都用紫砂杯
pàochá . Chúle zǐshābēi yǐwài , háiyǒu zǐshāhú . Zǐshā shì
泡茶。除了紫砂杯以外，还有紫砂壶。紫砂是
yòng yì zhǒng tèshū de nítǔ shāozhì ér chéng de , zhìzào de gōngyì
用一种特殊的泥土烧制而成的，制造的工艺
fēicháng jiǎngjiu . Yì bǎ hǎo de zǐshāhú , jiàgé fēicháng gāo .
非常讲究。一把好的紫砂壶，价格非常高。
Suízhe rénmen duì chájù de jiǎngjiu , chájù yǐjīng jiànjiàn de chéngle
随着人们对茶具的讲究，茶具已经渐渐地成了
yì zhǒng yìshùpǐn .
一种艺术品。

Chúle zài bàngōngshì hēchá yǐwài , qù fànguǎn
除了在办公室喝茶以外，去饭馆
chīfàn de shíhou , dàjiā yě huì
吃饭的时候，大家也会
yàoshàng yì hú chá , jǐ gè rén
要上一壶茶，几个人
yìqǐ hē . Xiàtiān , lái shàng
一起喝。夏天，来上

yì hú júhuā chá, jì néng jiěkě, yòu néng
一壶菊花 (chrysanthemum) 茶，既能解渴，又能

qīngliáng bìshǔ. Zài júhuāchá li jiārù
清凉避暑 (avoid summer heat)。在菊花茶里加入

yìdiǎnr bīngtáng, nà wèidào biétí duō měi le.
一点儿冰糖 (crystal sugar)，那味道别提多美了。

Zǒu zài chéngshì de jiēdào shang, nǐ hái kěyǐ kàndào hěn duō
走在城市的街道上，你还可以看到很多

zhuānmén de cháguǎn, cháshè, chálóu. Zhèxiē dōu shì zhuānmén
专门的茶馆、茶社、茶楼。这些都是专门

hē chá de dìfang, jǐ gè péngyou pào shàng yì hú chá, kěyǐ
喝茶的地方，几个朋友泡上一壶茶，可以

hē yì-liǎng gè xiǎoshí, biān hē biān liáotiānr. Yǒushíhou mǎi
喝一两个小时，边喝边聊天儿。有时候买

diǎn xiǎochī， bǐrú guāzǐ， huāshēng， xiǎo diǎnxīn shénme de，
点小吃，比如瓜子、花生、小点心什么的，
yìbiān hē yìbiān chī. Háiyǒu de tán shēngyi， yě huì xuǎnzé zài
一边喝一边吃。还有的谈生意，也会选择在
chálóu. Zài zhèzhǒng shūshì de fēnwéi zhōng， dàjiā bú huì shāng
茶楼。在这种舒适的氛围中，大家不会伤
héqi， hái néng zuòchéng mǎimai， shì duō hǎo de yí jiànshì a.
和气，还能做成买卖，是多好的一件事啊。
Zài Zhōngguó， cháguǎn zuì duō de chéngshì jiùshì Chéngdū le.
在中国，茶馆最多的城市就是成都了。
Zài Chéngdū， nàoshì yǒu chálóu， xiǎoxiàng yǒu chátān， gōngyuán
在成都，闹市有茶楼，小巷有茶摊，公园
yǒu cházuò， dàxué yǒu cháyuán， chùchù yǒu cháguǎn. Yóuqí
有茶座，大学有茶园，处处有茶馆。尤其
shì lǎojiē lǎoxiàng， zǒu bú dào sān-wǔ bù， biàn huì shǎnchū yì jiān
是老街老巷，走不到三五步，便会闪出一间
cháguǎn lái， érqiě chàbuduō dōu zuòwúxūxí， chákè mǎnpéng，
茶馆来，而且差不多都座无虚席，茶客满棚，
shēngyi hǎo de ràng rén bù gǎn xiāngxìn.
生意好得让人不敢相信。

Zhōngguórén hē chá de xíguàn shì hěn nán gǎibiàn de， hěn duō
中国人喝茶的习惯是很难改变的，很多
rén zài wàiguó shēnghuóle jǐ shí nián， dàn réngrán bǎochízhe hēchá
人在外国生活了几十年，但仍然保持着喝茶
de xíguàn. Dàndàn de cháxiāng， chéngwéi Zhōngguórén huī zhī bú
的习惯。淡淡的茶香，成为中国人挥之不
qù de jìyì.
去的记忆。

Jiǔ Xiāng Qíng Nòng
酒香情浓

Jiǔ zài Zhōngguó yǒuzhe yōujiǔ de lìshǐ, érqiě hé
酒在中国有着悠久的历史，而且和
Zhōngguórén de shēnghuó xīxī-xiāngguān. Zài gǔdài, rénmen
中国人的生活息息相关。在古代，人们
jìsì zǔxiān, jiéhūn, hǎoyǒu sòngbié, jiǔbié chóngféng,
祭祀[1]祖先、结婚、好友送别、久别重逢、
jiēdài kèrén děngděng, dōu líbukāi jiǔ. Gāoxìng de shíhou,
接待客人等等，都离不开酒。高兴的时候、
bēishāng de shíhou, dōuyào hē jiǔ. Jiǔ, shì qínggǎn de jìtuō.
悲伤的时候，都要喝酒。酒，是情感的寄托。
Hē jiǔ, shì biǎodá qínggǎn de zhòngyào shǒuduàn. Zhídào jīntiān,
喝酒，是表达情感的重要手段。直到今天，
hē jiǔ háishi rénmen jiāojì hé jiāowǎng de yì zhǒng shǒuduàn,
喝酒还是人们交际和交往的一种手段，
dàjiā zuò zài yìqǐ chīfàn hē jiǔ, huì juéde gǎnqíng yuèláiyuè shēn.
大家坐在一起吃饭喝酒，会觉得感情越来越深。

Zài Zhōngguó de fànzhuō shang, wǎngwǎng líbukāi jiǔ, zài
在中国的饭桌上，往往离不开酒，在
hūnlǐ, jiérì, qìngdiǎn, tán shēngyi shí, jiù
婚礼、节日、庆典 (celebration)、谈生意时，就

---

[1] offer sacrifices to gods or ancestors

gèng líbukāi jiǔ . Jiǔ de zhǒnglèi hěn duō , yǒu báijiǔ , píjiǔ ,
更离不开酒。酒的种类很多，有白酒、啤酒、
hóng jiǔ děngděng . Zhōngguó de báijiǔ yòu fēn dù
红酒等等。中国的白酒又分38度(alcoholic
, dù , dù , dù , dù děngděng .
strength)、48度、52度、56度、65度等等。
bùtóng de gōngsī shēngchǎn bùtóng de báijiǔ , Zhōngguó zuì yǒumíng
不同的公司生产不同的白酒，中国最有名
de báijiǔ pǐnpái shì Máotái , qícì háiyǒu Wǔliángyè , Xìnghuācūn ,
的白酒品牌是茅台，其次还有五粮液、杏花村、
Lúzhōu lǎojiào , Yánghé , Hóngxīng èrguōtóu děngděng , jīhū měi
泸州老窖、洋河、红星二锅头等等，几乎每
gè dìfang dōu yǒu zìjǐ de dìfāng pǐnpái .
个地方都有自己的地方品牌。

Yǒude rén jiǔliàng bǐjiào dà , hē hěn duō yě bú zuì . Yǒude
有的人酒量比较大，喝很多也不醉。有的

rénjiǔliàng hěn xiǎo， yīdiǎnr jiǔ yě bù nénghē . Yǒude rénhěn
人酒量很小，一点儿酒也不能喝。有的人很
xǐhuan hē jiǔ， zìjǐ zài jiā chīfàn yě yào hēshàng liǎng kǒu .
喜欢喝酒，自己在家吃饭也要喝上两口。
Yǒude rén bù xǐhuan hē jiǔ， cónglái bù hē .
有的人不喜欢喝酒，从来不喝。

Zàihěn duō jiāojì chǎnghé， rénmen dōuyào hē diǎnr jiǔ de .
在很多交际场合，人们都要喝点儿酒的。
Shìdàng hē yìdiǎnr jiǔ， rén de qíngxù hěn kuài jiù bèidiàodòng
适当喝一点儿酒，人的情绪很快就被调动 (rise
qǐlai . Dāngrán rúguǒ hē de tài duō， jiù huì chūxiàn hěn duō
up) 起来。当然如果喝得太多，就会出现很多
wèntí . LǎoShěn zài yì jiā gōngsī dāng yèwùyuán， yīnwei gōngzuò
问题。老沈在一家公司当业务员，因为工作

guānxì, tā jīngcháng qǐng kèhù chīfàn. Wèile biǎoshì rèqíng,
关系，他经常请客户吃饭。为了表示热情，
chīfàn de shíhou miǎnbuliǎo hē jiǔ. Lǎo Shěn suànshì bǐjiào néng hē
吃饭的时候免不了喝酒。老沈算是比较能喝
de, yí dùn fàn hē bàn jīn báijiǔ, wǔ píng píjiǔ yě bú huì zuì.
的，一顿饭喝半斤白酒、五瓶啤酒也不会醉。
Dàn rúguǒ pèngdào tèbié néng hē de, tā háishì juéde zìjǐ bǐ
但如果碰到特别能喝的，他还是觉得自己比
bu guò. Yóuqí shì hē jiǔ de shíhou dàjiā hùxiāng quànjiǔ, hēzhe
不过。尤其是喝酒的时候大家互相劝酒，喝着
hēzhe jiù duō le. Shàng zhōu cóng wàidì láile jǐ gè kèhù,
喝着就多了。上周从外地来了几个客户，
Kāishǐ tāmen yàole yì píng báijiǔ, dàn Lǎo Shěn fāxiàn, zhè jǐ
开始他们要了一瓶白酒，但老沈发现，这几
gè rén tài néng hē le, yìbiān chī cài yìbiān hē jiǔ yìbiān liáotiān,
个人太能喝了，一边吃菜一边喝酒一边聊天，
yíhuìr zhè píng jiǔ jiù hēguāng le. Zuòwéi zhǔrén, bù néng ràng
一会儿这瓶酒就喝光了。作为主人，不能让
kèrén méi jiǔ hē, yúshì Lǎo Shěn jiù yòu yàole yì píng. Dàjiā nǐ
客人没酒喝，于是老沈就又要了一瓶。大家你
quàn wǒ, wǒ quàn nǐ, bùtíng de hē. Kèrén bùtíng de xiàng Lǎo
劝我，我劝你，不停地喝。客人不停地向老
shěn jìngjiǔ, rúguǒ tā bù hē huòzhě hē de tài
沈敬酒 (propose a toast)，如果他不喝或者喝得太
shǎo, jiù bú gòu lǐmào le, suǒyǐ nà tiān tā hēzuì le.
少，就不够礼貌了，所以那天他喝醉了。

Dāngrán, yě yǒu hěn duō kèrén shì bù hē jiǔ de. Zhè shíhou
当然，也有很多客人是不喝酒的。这时候

zěnmebàn ne? Kěyǐ yòng
怎么办呢？可以用

yǐnliào dàitì, yě kěyǐ yòng
饮料代替，也可以用

chá, shuǐ děng dàitì. Rúguǒ
茶、水等代替。如果

shízài bù néng hē, jiù xiàng
实在不能喝，就向

zhǔrén biǎoshì qiànyì,
主人表示歉意(apology)，

ránhòu yòng yǐnliào dàitì, yě wánquán méiyǒu wèntí.
然后用饮料代替，也完全没有问题。

Hěn duō Zhōngguórén yǒu gè xíguàn, jiùshi xiān hē jiǔ, hòu
很多中国人有个习惯，就是先喝酒，后

chī zhǔshí, yǒu de dào zuìhòu gāncuì bù chī zhǔshí
吃主食(staple food)，有的到最后干脆不吃主食

le. Háiyǒu jiùshì, Zhōngguórén xíguàn hē jiǔ de shíhou yào yǒu
了。还有就是，中国人习惯喝酒的时候要有

cài, bú huì dāndú náchū yì píng báijiǔ lái hē, zhè yě shì hěn duō
菜，不会单独拿出一瓶白酒来喝，这也是很多

rén chīwán fàn yǐhòu, búzài qù jiǔbā de yuányīn. Chī wán fàn
人吃完饭以后，不再去酒吧的原因。吃完饭

yǐhòu, rúguǒ háiyǒu xìngzhì, yìbān qù cháguǎn hēchá, rénmen
以后，如果还有兴致，一般去茶馆喝茶，人们

rènwéi hē chá kěyǐ jiějiǔ.
认为喝茶可以解酒。

Péngyoumen dōu zhīdào Lǎo Shěn jīngcháng hē jiǔ, suǒyǐ
朋友们都知道老沈经常喝酒，所以

guònián， guòjié yě chángcháng sòng Lǎo Shěn jǐ píng hǎojiǔ . Jiǔ
过年、过节也常常送老沈几瓶好酒。酒
zài Zhōngguó shì chángjiàn de lǐwù . Qīnqi， péngyou zhījiān，
在中国是常见的礼物。亲戚、朋友之间，
huòzhě qiúrén bàn shì， chángcháng huì sòng liǎng píng hǎojiǔ .
或者求人办事，常常会送两瓶好酒。
Dāngrán le， LǎoShěn yě miǎnbuliǎo yào sòng biéren jiǔ .
当然了，老沈也免不了要送别人酒。

Quànjiǔ， zài fànzhuō shang hěn chángjiàn . Rúguǒ duìfāng
劝酒，在饭桌上很常见。如果对方
biǎoshì bù hē jiǔ， huòzhě bù néng hē tài duō， zhǔrén wèile biǎoshì
表示不喝酒，或者不能喝太多，主人为了表示
rèqíng， chángcháng jílì quànshuō ， bǐrúshuō “wǒ
热情，常常极力劝说(to urge)，比如说“我

gěi nǐ jìngjiǔ le , qǐng gěi gè miànzi ” , “ hēle zhè bēi jiǔ ,
给你敬酒了，请给个面子”、“喝了这杯酒，
wǒmen jiùshì xiōngdi ” , “gǎnqíng shēn , yì kǒumēn ” děngděng ,
我们就是兄弟”、“感情深，一口闷”等等，
zhèzhǒngqíngkuàng xià , yǒuxiē rén bù hǎo yìsi bù hē . Yě yǒu de
这种情况下，有些人不好意思不喝。也有的
shíhou , zhǎohěn duō jièkǒu , lìrú wǒmen de niánlíng yíyàng dà ,
时候，找很多借口，例如我们的年龄一样大、
wǒmen shì lǎoxiāng , wǒmen de zuòwèi āizhe , wǒmen shì xiàoyǒu
我们是老乡、我们的座位挨着、我们是校友
děngděng , zhǐyào néng lāshàng yìdiǎnr guānxì , dōu kěnéng
等等，只要能拉上一点儿关系，都可能
chéngwéi hē bēi jiǔ de lǐyóu . Yóuyú yuè hē yuèduō , shuōhuà de
成为喝杯酒的理由。由于越喝越多，说话的
shēngyīn yě jiù yuèláiyuè dà , suǒyǐ Zhōngguó de fànguǎn wǎngwǎng
声音也就越来越大，所以中国的饭馆往往
fēicháng chǎonào .
非常吵闹。

Dàn xiànzài yuèláiyuè duō de rén rènshi dào , hē de tài duō duì
但现在越来越多的人认识到，喝得太多对
shēntǐ shānghài hěn dà , quànjiǔ yě shì yì zhǒng bù hǎo de xíguàn .
身体伤害很大，劝酒也是一种不好的习惯。
Péngyou de guānxì wǎngwǎng bú shì hējiǔ néng jiànlì de , gǔrén
朋友的关系往往不是喝酒能建立的，古人
bǎ zhǐ zài yìqǐ chīhēwánlè , bú gàn zhèngjīngshì de péngyou jiào
把只在一起吃喝玩乐、不干正经事的朋友叫
zuò “ jiǔròu péngyou ” .
做“酒肉朋友”。

Lái Wǎn Yǎngshēngtāng

来碗养生汤

Tāng shì yí dùn fàn de zhòngyào zǔchéng bùfen, hē tāng
汤是一顿饭的重要组成部分，喝汤

kěyǐ qǐ dào hěn duō zuòyòng, qízhōng yí gè zhòngyào zuòyòng
可以起到很多作用，其中一个重要作用

shì bǎochí jiànkāng.
是保持健康。

Zhōngcān li gèzhǒng-gèyàng de tāng fēicháng duō, Zhōngcān
中餐里各种各样的汤非常多，中餐

duì tāng de jiǎngjiu yě hěn duō. Běifāng de yànhuì
对汤的讲究也很多。北方的宴会(banquet)

shang， tāng yìbān shànglai de bǐjiào
上，汤一般上来得比较

wǎn， jīběn shang dōu shì zhǔcài
晚，基本上都是主菜

shàngwán yǐhòu， cái kāishǐ hē
上完以后，才开始喝

tāng. Ér zài nánfāng， zé zhènghǎo
汤。而在南方，则正好

xiāngfǎn， xiān shànglai de yídìng shì
相反，先上来的一定是

tāng， ránhòu cái shàng qítā de cài.
汤，然后才上其他的菜。

Gēnjù kēxué yánjiū， chīfàn qián
根据科学研究，吃饭前

xiān hē tāng， duì shēntǐ shì yǒu hǎochù
先喝汤，对身体是有好处

de. Yǒu rén zǒngjiéle zhèyàng de
的。有人总结了这样的

guīlǜ， "fànqián hē tāng， miáotiáo
规律，“饭前喝汤，苗条

jiànkāng; fànhòu hē tāng， yuè
(slim)健康；饭后喝汤，越

hē yuè pàng". Chīfàn qián hē tāng，
喝越胖”。吃饭前喝汤，

děngyú gěi wèicháng zēngjiā rùnhuájì
等于给胃肠增加润滑剂

， zhōngtú bùshí hē diǎnr
(lubricant)，中途不时喝点儿

tāngshuǐ, yǒulì yú shíwù xīshì hé
汤水，有利于食物稀释和
jiǎobàn, yǒuyìyú wèichángduì shíwù de
搅拌，有益于胃肠对食物的
xīshōu hé xiāohuà. Lìngwài, chīfàn qián
吸收和消化。另外，吃饭前
xiān hē tāng, kěyǐ jiǎnshǎo zhǔshí de
先喝汤，可以减少主食的
shèrù, bìmiǎn guòduō shèrù
摄入 (intake)，避免过多摄入
rèliàng. Ér fànhòu hē tāng, róngyì
热量。而饭后喝汤，容易
yǐnqǐ yíngyǎng guòshèng. Suǒyǐ xiànzài
引起营养过剩。所以现在
běifāng de yànhuì shang, yě kāishǐ
北方的宴会上，也开始
liúxíng xiān hē tāng le.
流行先喝汤了。

Hē tāng yǒu hěn duō jiǎngjiu, bǐrú
喝汤有很多讲究，比如
tāng de wēndù yào shìyí, bù néng tài
汤的温度要适宜，不能太
tàng, yě bù néng tài liáng.
烫 (very hot)，也不能太凉。
Shénme jìjié hē shénme tāng, yě shì
什么季节喝什么汤，也是
yǒu xuéwen de. Lìrú dōngtiān tiānqì
有学问的。例如冬天天气

hánlěng， yīnqì wàngshèng ér yángqì bùzú， suǒyǐ dōngtiān
寒冷，阴气旺盛而阳气不足，所以冬天

yīnggāi yǐ “bǔ” wéizhǔ. Yóuyú qìhòu hánlěng， rén róngyì dé
应该以“补”为主。由于气候寒冷，人容易得

gǎnmào， duō hē tāng shì fángzhì gǎnmào de yǒuxiào fāngfǎ. Jītāng，
感冒，多喝汤是防治感冒的有效方法。鸡汤、

gǔtou tāng， yú tāng， càitāng kě shǐ yíngyǎng dédào
骨头 (bone) 汤、鱼汤、菜汤可使营养得到

chōngzú de bǔchōng， zēngqiáng réntǐ de dǐkànglì，
充足的补充，增强人体的抵抗力 (resistance)，

tóngshí qǐdào jìnghuà xuèyè de zuòyòng， jíshí
同时起到净化 (to purify) 血液的作用，及时

qīngchú hūxīdào de bìngdú， yǒuxiào de dǐyù
清除呼吸道的病毒 (virus)，有效地抵御 (fend off)

gǎnmào bìngdú qīnxí. Cǐwài， rúguǒ jiāng zhīma
感冒病毒侵袭 (to attack)。此外，如果将芝麻

， zhūpái， hǎidài， shēngjiāng fàng zài yìqǐ shāo tāng
(sesame)、猪排、海带、生姜放在一起烧汤

hē， yòu néng qǐ dào qīnghuǒ， jiědú， rùn fū，
喝，又能起到清火、解毒 (to detoxify)、润肤、

jiànjī de zuòyòng， bìng néng zēngqiáng tǐlì. Suǒyǐ dōngjì
健肌的作用，并能增强体力。所以冬季

hē tāng bùjǐn lìyú xiāohuà xīshōu， gèng néng yǎngshēn jiànshēn.
喝汤不仅利于消化吸收，更能养身健身。

Chūntiān， xiàtiān， qiūtiān hē shénme tāng， zěnme hē yě dōu
春天、夏天、秋天喝什么汤、怎么喝也都

yǒu hěn duō de xuéwen. Cǐwài， bāo tāng yóuyú zhìzuò
有很多的学问。此外，煲 (to stew) 汤由于制作

guòchéng zhōng shǎole jiān, zhá de guòchéng, hái kěyǐ yùfáng
过程中少了煎、炸的过程，还可以预防

féipàng, gèng néng jiǎnshǎo xīnxuèguǎn jíbìng de chǎnshēng.
肥胖，更能减少心血管疾病的产生。

Jiāshàng tāng yǒu měiyán, jiànshēn, rùn fū, zēngqiáng miǎnyìlì
加上汤有美颜、健身、润肤、增强免疫力

de zuòyòng, yīncǐ dāng rén xūruò
(immunity) 的作用，因此当人虚弱 (weak)

shēngbìngshí, tāng gèng shì bǔchōng tǐlì yòu bù shāngchángwèi de
生病时，汤更是补充体力又不伤肠胃的

yíngyǎng jiāpǐn. Nǚxìng zài shēng háizi hòu, yě yào yòng tāng lái
营养佳品。女性在生孩子后，也要用汤来

bǔchōng tǐlì, huīfù jiànkāng.
补充体力，恢复健康。

Zhōngguó mínjiān céng chángqī
中国民间曾长期

liúchuánzhe gè zhǒng "shíliáotāng",
流传着各种“食疗汤”，

xiànzài rénmen zé jiāng qí chēngwéi
现在人们则将其称为

"yíngyǎngjiànkāngtāng". Lìrú:
“营养健康汤”。例如：

hóngtángshēngjiāngtāng nénggòu
红糖生姜汤能够

qūhán, lǜdòutāng nénggòu
驱寒，绿豆汤能够

qīngliáng jiěshǔ
清凉解暑 (relieve summer

, luóbotāng yǒulì yú xiāohuà, hēimù'ěrtāng yǒulì yú yǎnjing
heat)，萝卜汤有利于消化，黑木耳汤有利于眼睛

míngliàng děngděng.
明亮等等。

Zhōngguó "tāngwénhuà" de lìshǐ yě hěn jiǔyuǎn. Shuō
中国"汤文化"的历史也很久远。说

dào bāotāng, bùdébù tídào Guǎngdōngrén de "lǎo huǒ liàng
到煲汤，不得不提到广东人的"老火靓

tāng". Bāotāng, duìyú Guǎngdōngrén lái shuō shì yǒnghéng de
汤"。煲汤，对于广东人来说是永恒的

qíngjié, Guǎngdōngrénshuō "nìngkě yí rì wú cài, bù néng yì cān
情结，广东人说"宁可一日无菜，不能一餐

wú tāng", kějiàn tāng zài Guǎngdōng bǎixìng xīn zhōng zhànjù zhe
无汤"，可见汤在广东百姓心中占据着

duōme zhòngyào de dìwèi. Bāotāng wénhuà yǔ Guǎngdōng cháoshī
多么重要的地位。煲汤文化与广东潮湿

shǔrè de dìyùxìng qìhòu yǒuzhe xiāngdāng dà de guānxì, zhè cóng
暑热的地域性气候有着相当大的关系，这从

sìjì tāng de gōngxiào zhōng jiù kěyǐ kàn chūlai: chūntiān qū shī,
四季汤的功效中就可以看出来：春天祛湿，

xiàtiān qū rè, qiūtiān qū zào, dōngtiān zībǔ.
夏天祛热，秋天祛燥，冬天滋补。

XiǎoZēng shì Guǎngdōngrén, suīrán láidào běifāng hěn duō nián
小曾是广东人，虽然来到北方很多年

le, dàn réngrán xǐhuan bāotāng, yǒushíhou yí gè tāng yào bāo
了，但仍然喜欢煲汤，有时候一个汤要煲

shàng hǎo jǐ gè xiǎoshí. Tā de xiānsheng fēicháng xǐhuan hē tā
上好几个小时。她的先生非常喜欢喝她

bāo de tāng, chángcháng duì tā de chúyì zànbùjuékǒu. Shuō qǐ
煲的汤，常常对她的厨艺赞不绝口。说起

bāotāng lái, XiǎoZēng yě shì tóutóushìdào.
煲汤来，小曾也是头头是道(clear and logical)。

Tā shuō: "Yǒu jǐ gè yàosù shì yídìng yào zhǎngwò de.
她说："有几个要素是一定要掌握的。

Dì-yī, jiùshì xuǎn cáiliào, zhè shì bāohǎo xiāntāng de guānjiàn
第一，就是选材料，这是煲好鲜汤的关键

suǒzài. Yòngyú bāotāng de yuánliào tōngcháng wéi dòngwùxìng
所在。用于煲汤的原料通常为动物性

yuánliào, rú jīròu, yā ròu, zhū shòuròu, zhū zhǒuzi, zhū
原料，如鸡肉、鸭肉、猪瘦肉、猪肘子、猪

gǔ, huǒtuǐ, bǎnyā, yú děng, cǎigòu shí yīng zhùyì bìxū
骨、火腿、板鸭、鱼等，采购时应注意必须

xiānwèi zú, yìwèi xiǎo, xuèwū shǎo. Dì-èr, jiùshì jiǎngjiu
鲜味足、异味小、血污少。第二，就是讲究

chuījù , wǎguàn zhīlèi de xiàoguǒ zuì hǎo . Dì-sān ,
炊具，瓦罐 (crock) 之类的效果最好。第三，
huǒhòu yào shìdàng ,
火候 (duration and degree of heating) 要适当，
shénme shíhou yòng dàhuǒ , shénme shíhou yòng xiǎohuǒ , yào
什么时候用大火，什么时候用小火，要
zhùyì kòngzhì . Dì-sì , shuǐliàng yào héshì , shuǐ bù néng tài
注意控制。第四，水量要合适，水不能太
duō yě bù néng tài shǎo . Dì-wǔ , jiǎngjiu dāpèi , Guǎngdōngrén
多也不能太少。第五，讲究搭配，广东人
bāotāng wánquán dǎpòle yìxiē chángguī sīwéi , xīnqí de dāpèi
煲汤完全打破了一些常规思维，新奇的搭配
chángcháng ràng rén mùdèng-kǒudāi , wǒmen kěyǐ bǎ zhūròu hé yú
常常让人目瞪口呆，我们可以把猪肉和鱼
yìqǐ dùn , bǎ páigǔ hé hǎixiān yìqǐ dùn , yě kěyǐ bǎ lǎo mǔjī
一起炖，把排骨和海鲜一起炖，也可以把老母鸡
hé liúlián yìqǐ dùn , dànshì wèidào quèshí fēicháng hǎo . ” Chúcǐ
和榴莲一起炖，但是味道确实非常好。”除此
zhīwài , tā hái shuōle yí dà duī .
之外，她还说了一大堆。

Zài níngjìng de yèwǎn , jìngjìng de bāo yì guō tāng , wénzhe
在宁静的夜晚，静静的煲一锅汤，闻着
tāng de xiāngqì , shūshū de hē yì wǎn xiàqu , yǎngyǎng wèi yě
汤的香气，舒舒的喝一碗下去，养养胃也
nuǎnnuǎn xīn . Fēnrǎo de shēnghuó zhōng , bú biàn de shì tāng de
暖暖心。纷扰的生活中，不变的是汤的
wèidào .
味道。

Jiérì de Wèidào
节日的味道

Zài Zhōngguó, yì nián yǒu duōshao gè jiérì? Kǒngpà hěn
在中国，一年有多少个节日？恐怕很

nánshǔqīngchu. Bùtóng de dìfang yǒu bùtóng de jiérì, bùtóng de
难数清楚。不同的地方有不同的节日，不同的

mínzú yě yǒu bùtóng de jiérì. Dànshì zhǔyào de chuántǒng jiérì,
民族也有不同的节日。但是主要的传统节日，

háishi kěyǐ shǔ de guòlái de, lìrú Chūn Jié, Yuánxiāo Jié,
还是可以数得过来的，例如春节、元宵节、

Duānwǔ Jié , Qīngmíng Jié , Zhōngqiū Jié děngděng .
端午节、清明节、中秋节等等。

Jiérì wǎngwǎng gēn shípǐn xiāng liánxì , guòjié de shíhou
节日往往跟食品相联系，过节的时候

yídìng yào chī yìxiē tèshū de shípǐn . Guòqù zhǐyǒu guòjié cái néng
一定要吃一些特殊的食品。过去只有过节才能

chī de shípǐn , xiànzài píngshí yě yǒu mài de . Yǒude zài jiāli jiù
吃的食品，现在平时也有卖的。有的在家里就

kěyǐ zuò , yǒude zé shì mǎi de .
可以做，有的则是买的。

Chūnjié , duìyú Zhōngguórén láishuō , shì yí gè shǔyú jiātíng
春节，对于中国人来说，是一个属于家庭

de jiérì . Nónglì shí'èr yuè sānshí , súchēng dàniányè , shì
的节日。农历十二月三十，俗称大年夜，是

yì niánzhōng jiù suì jiāng jìn de shíkè . Jiǎozi shì Zhōngguó běifāng
一年中旧岁将尽的时刻。饺子是中国北方

mínjiān zhòngyào de zhǔshí , yóuqí nián sānshí wǎnshang , chī
民间重要的主食，尤其年三十晚上，吃

jiǎozi qǔ gēng suì jiāozǐ zhī yì , zài Zhōngguórén de xíguàn li ,
饺子取更岁交子之意，在中国人的习惯里，

wúlùn yì nián guò de zěnyàng , chúxīyè héjiā tuányuán chī jiǎozi
无论一年过得怎样，除夕夜合家团圆吃饺子

, shì rènhé shānzhēn-hǎiwèi
(dumpling)，是任何山珍海味 (sumptuous repasts)

suǒ wúfǎ tìdài de zhòngtóu dà yàn . Rújīn , zài jīhū suǒyǒu
所无法替代的重头大宴。如今，在几乎所有

de chuántǒng shǒugōng shípǐn dōu yǐjīng bèi fàng dàole gōngyèhuà
的传统手工食品都已经被放到了工业化

liúshuǐxiàn shang bèi fùzhì de jīntiān， Zhōngguórén， zhège quán
流水线上被复制的今天，中国人，这个全

shìjiè zuì zhòngshì jiātíng guānniàn de qúntǐ， yīrán zài yì nián
世界最重视家庭观念的群体，依然在一年

yòu yì nián de zhòngfù zhe tóngyàng de gùshi. Dāng xīnnián de
又一年地重复着同样的故事。当新年的

zhōngshēng qiāoxiǎng shí， jiājiāhùhù dōuyàozhǔ jiǎozi
钟声敲响 (to ring) 时，家家户户都要煮饺子

chī. Rúguǒ shēn zài guówài， bù néng gēn jiārén yìqǐ chī jiǎozi，
吃。如果身在国外，不能跟家人一起吃饺子，

liúxuésheng， huáqiáo yě chángcháng huìjù zài
留学生、华侨也常常汇聚 (to assemble) 在

yìqǐ， bāo jiǎozi， zhǔ
一起，包饺子、煮

jiǎozi， chī jiǎozi.
饺子、吃饺子。

Hěn duō jiātíng dōu huì
很多家庭都会

bāo jiǎozi， jiù shì bǎ
包饺子，就是把

gèzhǒng xiànr bāo zài
各种馅儿包在

miànpí li， jiǎozi
面皮里，饺子

biǎnbiǎn de， gèr
扁扁的，个儿

bú dà. Běifāngrén Lǎo
不大。北方人老

Lǐ fūfù dōu huì bāo jiǎozi, érqiě bāo de tèbié hàochī. Lǎo Lǐ
李夫妇都会包饺子，而且包得特别好吃。老李
qī-bā suì shí jiù xuéhuìle bāo jiǎozi, yīnwèi nà shíhou jiā li háizi
七八岁时就学会了包饺子，因为那时候家里孩子
duō, guònián de shíhou fùmǔ yào bāo hěn duō jiǎozi, gēnběn máng
多，过年的时候父母要包很多饺子，根本忙
bu guòlai. Suǒyǐ jiù ràng háizimen dōu xué bāo jiǎozi, dàjiā
不过来。所以就让孩子们都学包饺子，大家
yìqǐ dòngshǒu, yúshì Lǎo Lǐ hěn xiǎo de shíhou jiù xuéhuì bāo
一起动手，于是老李很小的时候就学会包
jiǎozi le. Jiǎozi bāohǎo hòu, yào fàng zài kāishuǐ li zhǔ. Guò
饺子了。饺子包好后，要放在开水里煮。过
yíhuìr, xiāngpēnpēn de jiǎozi jiù shàng zhuō le. Chī de
一会儿，香喷喷的饺子就上桌了。吃的
shíhou, kěyǐ zhàn zhe jiàngyóu, cù děng tiáowèiliào. Chúle
时候，可以蘸着酱油、醋等调味料。除了
guònián bìxū chī jiǎozi, jiāli láile kèrén, běifāngrén yě
过年必须吃饺子，家里来了客人，北方人也
jīngcháng yòng jiǎozi zhāodài. Chī jiǎozi de shíhou, yǒu de
经常用饺子招待。吃饺子的时候，有的
pèishàng jǐ gè liángcài, rè cài, yǒude zé zhǐ chī jiǎozi, búzài
配上几个凉菜、热菜，有的则只吃饺子，不再
jiā shénme biéde cài. Jiǎozi de xiànr yǒu hěn duō
加什么别的菜。饺子的馅儿 (stuffing) 有很多
zhǒng, yìbān fēnwéi sù de hé hūn de.
种，一般分为素 (vegetable) 的和荤 (meat) 的。
Sù xiànr jiǎozi bǐrú jiǔcài jīdàn de,
素馅儿饺子比如韭菜 (Chinese chives) 鸡蛋的、

báicàijīdàn de， mù'ěrfěnsī de děngděng. Hūn xiànr de yě yǒu
白菜鸡蛋的、木耳粉丝的等等。荤馅儿的也有

hěn duō， bǐrú zhūròudàcōng， zhūròubáicài， zhūròuhuíxiāng，
很多，比如猪肉大葱、猪肉白菜、猪肉茴香、

niúròudàcōng děngděng. Jīhū gè zhǒng shūcài dōu kěyǐ zuò
牛肉大葱等等。几乎各种蔬菜都可以做

xiànr bāo zài jiǎozi li. Xiànr li yào jiā yóu， yán děng， gè
馅儿包在饺子里。馅儿里要加油、盐等、各

zhǒng tiáoliào， shǐdé wèidào gèngjiā xiānměi. Lǎo Lǐ fūfù hěn
种调料，使得味道更加鲜美。老李夫妇很

xǐhuan chī jiǎozi， měi gè xīngqī dōuyào chī shàngyī-liǎng cì. Yóuqí
喜欢吃饺子，每个星期都要吃上一两次。尤其

shì zhōumò de shíhou， liǎng gè rén zài jiā li bāo jiǎozi chī， juéde
是周末的时候，两个人在家里包饺子吃，觉得

shì yì zhǒngxiǎngshòu.
是一种享受。

Hé běifāngrén bùtóng de shì， xīnnián de shíhou， yǐ mǐwéi
和北方人不同的是，新年的时候，以米为

zhǔshí de nánfāng liúxíng chī tāngyuán hé niángāo. Tāngyuán yòu
主食的南方流行吃汤圆①和年糕②。汤圆又

jiào "tuánzi"， "yuánzi"， yìbān yòng nuòmǐ
叫"团子"、"圆子"，一般用糯米(glutinous rice)

fěn zhōngjiān bāo táng， qǔ quánjiā tuányuán měimǎn tiánmì zhī yì.
粉中间包糖，取全家团圆美满甜蜜之意。

Niángāo shì yòng nuòmǐ yāzhì ér chéng de shípǐn， shíyòng shí kěyǐ
年糕是用糯米压制而成的食品，食用时可以

① dumplings made of glutinous rice flour served in soup

② New Year cake [made of glutinous rice flour]

zhá, kěyǐ zhǔ, yě kěyǐ chǎo. Niángāo yùyì
炸，可以煮，也可以炒。年糕寓意 (to imply)

zhe "niánniángāo", shì yì zhǒng jíxiáng shípǐn, yīncǐ yě shì
着"年年高"，是一种吉祥食品，因此也是

jiérì li de kuìzèng lǐpǐn. Ér zài Guǎngxī,
节日里的馈赠 (give as a gift) 礼品。而在广西、

Hǎinán děng dì, rénmen jì bù bāo jiǎozi, yě bù chī tāngtuán
海南等地，人们既不包饺子，也不吃汤团

hé niángāo, érshì chī zòngzi
和年糕，而是吃粽子 (*zongzi*, pyramid-shaped

. Zòngzi de zhǔyào yuánliào yě shì nuòmǐ, dàn měi
dumpling)。粽子的主要原料也是糯米，但每

gè dìfang de xiànr dōu bù yíyàng, yìbān shì dāngdì de tèsè
个地方的馅儿都不一样，一般是当地的特色

shícái. Dàròuzòng chǎnyú Guǎngxī Nánníng, měi zhī zhòng yuē
食材。大肉粽产于广西南宁，每只重约

liǎng jīn, yǐ féi zhūròu, lǜdòu
两斤，以肥猪肉、绿豆

wéi xiàn, qīngxiāng, ruǎn mián
为馅，清香、软绵

, féi ér bú nì. Ér Hǎinán
(soft)、肥而不腻。而海南

zòngzi yìbān shì fāngzhuīxíng,
粽子一般是方锥形，

xiànliào duō wéi zhūròu xiándàn huáng,
馅料多为猪肉咸蛋黄、

xiārén, huǒtuǐ- chāshāo
虾仁、火腿 (ham) 叉烧

, hóngshāojīchì, děngděng,
(Guangdong-style grilled pork)、红烧鸡翅，等等，
pèi yǐ gè zhǒng tiáoliào jiǎobàn yānzhì, zuò chūlai de zòngzi
配以各种调料搅拌腌制，做出来的粽子
ruǎnmián, nóngxiāng, xiànduō, shí ér bú nì, huíwèi wúqióng.
软绵、浓香、馅多，食而不腻，回味无穷。

Yuánxiāo Jié shì nónglì zhēngyuè shíwǔ, yě jiùshì xīnnián hòu
元宵节是农历正月十五，也就是新年后
bùjiǔ. Rénmen rènwéi guòle zhēngyuè shíwǔ, jiù suàn zhēnzhèng
不久。人们认为过了正月十五，就算真正
guòwán nián le. Zhè tiān yǒu cāi dēngmí
过完年了。这天有猜灯谜(riddle written on a
, chī yuánxiāo de xísú.
lantern)、吃元宵(eat sweet dumpling)的习俗。
Zhōngguó běifāng zuò yuánxiāo jiào "gǔn yuánxiāo", jùtǐ zuòfǎ
中国北方做元宵叫“滚元宵”，具体做法
shì: bǎ zhīma, huāshēng huò dòushā huóshàng táng zuòchéng xiàn,
是：把芝麻、花生或豆沙和上糖做成馅，
tuánchéng xiǎowánzi, zài zhànshàng shuǐ, yòng bòji
团成小丸子，再蘸上水，用簸箕(winnowing
chéng nuòmǐfěn, bǎ zhànle shuǐ de xiǎowánzi fàng zài
basket)盛糯米粉，把蘸了水的小丸子放在
lǐmian, fǎnfù gǔndòng, nuòmǐfěn jiù búduàn de zhān dào xiàn
里面，反复滚动，糯米粉就不断地沾到馅
shang, chéngwéi yígègè bǐ jīdàn xiǎo yìxiē de yuánqiú,
上，成为一个个比鸡蛋小一些的圆球，
yuánxiāo jiù gǔnchéng le. Xiàndàirén gōngzuò fánmáng, yìbān dōu
元宵就滚成了。现代人工作繁忙，一般都

búzài zìjǐ gǔn yuánxiāo, érshì dào shìchǎng mǎi xiànchéng de.
不再自己滚元宵，而是到市场买现成的。

Měi féng Yuánxiāo Jié, dàjiē-xiǎoxiàng shang, jiù yǒu shāngfàn
每逢元宵节，大街小巷上，就有商贩

jiàqǐ zhíjìng yì mǐ duōcháng de dà bòji, rèhuǒ-cháotiān de fāngǔn
架起直径一米多长的大簸箕，热火朝天地翻滚

yuánxiāo. Zài Běijīng, “Dàoxiāngcūn” hé “Guìxiāngcūn” liǎng
元宵。在北京，“稻香村”和“桂香村”两

jiā lǎozìhào de yuánxiāo zuì shòu huānyíng.
家老字号的元宵最受欢迎。

Xiāngbǐ zhīxià, nánfāngrén zài Yuánxiāo Jié gèng yuànyì zìjǐ
相比之下，南方人在元宵节更愿意自己

dòngshǒu bāo tāngyuán. Tāmen yòng rèshuǐ huòshàng nuòmǐfěn
动手包汤圆。他们用热水和上糯米粉

róuchéngmiàntuán , zài bǎ hétao , huāshēng , zhīma , zǎoní
揉成面团，再把核桃、花生、芝麻、枣泥(jujube

, dòushā jiǎobàn chéng xiàn , ránhòu jiū xiǎo
paste)、豆沙(bean paste)搅拌成馅，然后揪小

miàntuán bāo xiàn , shuāngshǒu róucuō , tuánchéng guāng liūliū
面团包馅，双手揉搓，团成光溜溜

de yuántuán . Nánfāng de chéngpǐn tāngyuán bǐjiào yǒumíng de shì
的圆团。南方的成品汤圆比较有名的是

Zhōngguó dōngbù de Níngbō tāngyuán hé Zhōngguó xīnánbù Chéngdū
中国东部的宁波汤圆和中国西南部成都

de “Làitāngyuán” .
的“赖汤圆”。

Wúlùn shì yuánxiāo háishi tāngyuán , dōushì yòng shuǐ zhǔshóu
无论是元宵还是汤圆，都是用水煮熟

ér shí , yǎo yì kǒu xiāngtián ruǎnhuá , fēicháng hǎochī . Jù mínjiān
而食，咬一口香甜软滑，非常好吃。据民间

shuōfǎ , Yuánxiāojié chī yuánxiāo huòzhě tāngyuán , qǔ Hànyǔ zhōng
说法，元宵节吃元宵或者汤圆，取汉语中

de xiéyīn , tú yí gè “tuántuányuányuán” de yìsi .
的谐音，图一个“团团圆圆”的意思。

Duānwǔ Jié shì nónglì de wǔyuè chūwǔ , zhè tiān shì wèi jìniàn
端午节是农历的五月初五，这天是为纪念

gǔdài shīrén Qū Yuán ér shèlì de . Duānwǔ Jié de jiérì shípǐn
古代诗人屈原而设立的。端午节的节日食品

shì zòngzi , zòngzi shì yòng zhúyè huò wěi yè bāoshàng
是粽子，粽子是用竹叶或苇叶(reed leaf)包上

nuòmǐ hé qítā fǔliào ér zhìchéng de yì zhǒng shípǐn , nánfāng de
糯米和其他辅料而制成的一种食品，南方的

zòngzi li fǔliào yìbān yǒu ròu huòzhě dànhuáng, ér běifāng de
粽子里辅料一般有肉或者蛋黄，而北方的

zé yǒu xiǎo zǎo, dòushā. Jùshuō yīnwèi Qū Yuán shì shòule yuānqū
则有小枣、豆沙。据说因为屈原是受了冤屈

ér tóuhé zìjìn de. Rénmen zài zhè tiān wǎng hé li tóufàng zhèxiē
而投河自尽①的。人们在这天往河里投放这些

shíwù, yú jiù bú huì chī Qū Yuán de shītǐ le. Suǒyǐ dàole nà
食物，鱼就不会吃屈原的尸体了。所以到了那

tiān, jiājiāhùhù bāo zòngzi huòzhě mǎi zòngzi.
天，家家户户包粽子或者买粽子。

Zhōngqiū Jié zài nónglì de bāyuè shíwǔ, shì jǐncìyú Chūn
中秋节在农历的八月十五，是仅次于春

Jié de zhòngyào jiérì. Zhōngqiū Jié de shíhou, rénmen jǐn kěnéng
节的重要节日。中秋节的时候，人们尽可能

① commit suicide by drowning oneself in the river

cóng wàidì huídào fùmǔ shēnbiān, gēn fùmǔ yìqǐ guò zhège
从外地回到父母身边，跟父母一起过这个

jiérì. Zhōngqiū Jié yǒu shǎngyuè, chī yuèbing
节日。中秋节有赏月、吃月饼 (eat moon cake)

de xísú. Yuèbing shì yì zhǒng yuánxíng de shípǐn, duō shì kǎo
的习俗。月饼是一种圆形的食品，多是烤

zhì de, lǐmian yě yǒu xiànr. Chuántǒng de yuèbing bǐjiào tián,
制的，里面也有馅儿。传统的月饼比较甜，

xiànzài de yuèbing bú nàme tián le. Yì jiā rén zuò zài yìqǐ,
现在的月饼不那么甜了。一家人坐在一起，

yìbiān shǎngyuè yìbiān chī yuèbing, rúguǒ yǒu xìngzhì dehuà, hái
一边赏月一边吃月饼，如果有兴致的话，还

kěyǐ yǐnjiǔ, chànggē, niàn shī děng. Yuèbing duō cóng
可以饮酒、唱歌、念诗等。月饼多从

shìchǎngshang mǎi, yìbān jiātíng dōu bú huì zuò. Shìchǎngshang yǒu
市场上买，一般家庭都不会做。市场上有

gèzhǒng-gèyàng de yuèbing lǐpǐnhé. Cóng Zhōngqiū qián hěn duō
各种各样的月饼礼品盒。从中秋前很多

tiān jiù kāishǐ mài, yuèbing yě chángcháng zuòwéi lǐwù, zèngsòng
天就开始卖，月饼也常常作为礼物，赠送

gěi qīnqi, péngyou, shīzhǎng děng. Zhōngqiū Jié zhè
(to give) 给亲戚、朋友、师长等。中秋节这

tiān, yào fàng yì tiān jià, biànyú rénmen huíjiā tuányuán. Xiànzài
天，要放一天假，便于人们回家团圆。现在

yuèbing yuèláiyuè duō de jùyǒu yì zhǒng xiàngzhēng yìyì. Yǒuxiē
月饼越来越多的具有一种象征意义。有些

háizi yǐjīng bú ài chī zhèzhǒng chuántǒng shípǐn le.
孩子已经不爱吃这种传统食品了。

Chúcǐ zhīwài, Lìchūn de chūnbǐng, Qīngmíng Jié de
除此之外，立春的春饼①、清明节的
qīngtuán, Chóngyáng Jié de Chóngyánggāo, Làbā Jié
青团②、重阳节的重阳糕③、腊八节
de làbāzhōu, Zàowáng Jié de tángguā děngděng, dōu shì
的腊八粥④、灶王节的糖瓜⑤等等，都是
Zhōngguó jiérì de chuántǒng shípǐn.
中国节日的传统食品。

Zhōngguórén de jiérì yìbān dōu hé chī yǒu guānxi, yěxǔ
中国人的节日一般都和吃有关系，也许
gēn guòqù shēnghuó shuǐpíng bù gāo yǒu guānxi. Búguò, xiànzài
跟过去生活水平不高有关系。不过，现在
zhèxiē shípǐn gèng zài tíshì wǒmen fàngmàn shēnghuó jiézòu,
这些食品更在提示我们放慢生活节奏，
fàngxià gōngzuò, gāi hé jiārén tuánjù le. Jié-jiàrì, kànwàng
放下工作，该和家人团聚了。节假日，看望
zhǎngbèi, huìhui qīnpéng-hǎoyǒu, shì yì zhǒng hěn zhòngyào
长辈、会会亲朋好友，是一种很重要
de jiāoliú jīhuì. Qīnqi péngyou lái le, bù néng suísuíbiànbiàn
的交流机会。亲戚朋友来了，不能随随便便
de zhāodài, zǒng yào zhǔnbèi diǎnr chī de hē de. Jiǔbié de
地招待，总要准备点儿吃的喝的。久别的

---

① spring pancake [usually eaten at the begining of spring days]

② green cake [eaten on the Tomb Sweeping Day]

③ chongyang cake [eaten on the Double Ninth Festival]

④ Laba porridge [rice porridge with beans, nuts and dried fruit, eaten on the eighth day of the twelfth lunar month]

⑤ melon-shaped maltose

érnǚmen huídào jià zhōng, nénggòu zàicì cháng dào fùmǔ zuò
儿女们回到家中，能够再次尝到父母做

de kěkǒu fàncài, qīnqi péngyoumen kěyǐ jiè zhèyàng de jīhuì
的可口饭菜，亲戚朋友们可以借这样的机会

shuōshuo bǐcǐ de xīnlǐhuà, gěi dàjiā gèng duō jiā de wēnnuǎn.
说说彼此的心里话，给大家更多家的温暖。

Wǒ Ài Chī Zhōngcān
我爱吃中餐

Dàiwéi shì Yīngguórén, xuéxí Hànyǔ yǐjīng liǎng nián le.
戴维是英国人，学习汉语已经两年了。

Dàiwéi xǐhuan shuō Hànyǔ, gèng xǐhuan chī zhōngcān.
戴维喜欢说汉语，更喜欢吃中餐。

Xīfāng yě yǒu bùshǎo zhōngcānguǎn, dàn láidào Zhōngguóhòu,
西方也有不少中餐馆，但来到中国后，

Dàiwéi juéde yǐqián chī de zhōngcān bú gòu dìdao,
戴维觉得以前吃的中餐不够地道(authentic)，

Zhōngguó běntǔ de zhōngcān chī qǐlai gèng hǎo yìxiē . Tā yǐjīng
中国本土的中餐吃起来更好一些。他已经
qùguo bù shǎo zhōngcānguǎn , yǒu háohuá de , yě yǒu hěn pǔtōng
去过不少中餐馆，有豪华的，也有很普通
de , háiyǒu jiē biān de xiǎochīdiàn . Tā xiànzài zuì ài chī là de ,
的，还有街边的小吃店。他现在最爱吃辣的，
yóuqí ài chī Sìchuāncài . Tā shuō , chī de shíhou zuǐ li hǎoxiàng
尤其爱吃四川菜。他说，吃的时候嘴里好像
zháole huǒ , gǎnjué shòubuliǎo , dàn chīwán yǐhòu , juéde
着了火，感觉受不了，但吃完以后，觉得
fēicháng guòyǐn .
非常过瘾(satisfy a craving)。

Dàiwéi fāxiànle zhōngcān de hěn duō tèdiǎn . Shǒuxiān tā
戴维发现了中餐的很多特点。首先他
juéde zhōngcān de càipǔ
觉得中餐的菜谱(menu)
hěn fùzá , hòuhòu de yí dà
很复杂，厚厚的一大
běn , míngchēng fēicháng duō ,
本，名称非常多，
yǒuxiē míngzi kànqǐlai tǐng qíguài
有些名字看起来挺奇怪
de . Bǐrú " mǎyǐ shàng
的。比如“蚂蚁(ant)上
shù " zhège cài , tā hái yǐwéi
树”这个菜，他还以为
shì chī mǎyǐ ne , yuánlái shì ròu
是吃蚂蚁呢，原来是肉

mòchǎofěnsī， xìxìde de ròumò， kànqǐlai xiàng mǎyǐ yíyàng，
末炒粉丝，细细的肉末，看起来像蚂蚁一样，

ér nà fěnsī jiùshì suǒ shuō de “shù” le. Zhōngguócài de
而那粉丝就是所说的“树”了。中国菜的

míngzi yǒu hěn duō xiàngzhēngxìng， bǐrú “dàfēngshōu
名字有很多象征性，比如“大丰收(bumper

” huòzhě “dàtuányuán”， yuánlái jiùshì bùtóng de
harvest)”或者“大团圆”，原来就是不同的

shūcài fàng zài yìqǐ， gèzhǒng-gèyàng dōu yǒu， hǎoxiàng fēngshōule
蔬菜放在一起，各种各样都有，好像丰收了

yíyàng. Cóng càimíng shang kàn， yǒu hěn duō cài bù zhīdào shì yòng
一样。从菜名上看，有很多菜不知道是用

shénme zuòchéng de， yě bù gǎn suíbiàn diǎn. Diǎncài de shíhou，
什么做成的，也不敢随便点。点菜的时候，

zuì hǎo wènwen fúwùyuán zhè dào cài shì yòng shénme zuò de， wèi
最好问问服务员这道菜是用什么做的，为

shénme jiào zhège míngzi. Qícì， chī zhōngcān de shíhou， dàjiā
什么叫这个名字。其次，吃中餐的时候，大家

dōu wéi zài yì zhāng zhuōzi qián， yìqǐ diǎncài yìqǐ chī， ér bú
都围在一张桌子前，一起点菜一起吃，而不

xiàng xīcān nàyàng， měi gè rén diǎn zìjǐ de cài， zìjǐ diǎn zìjǐ
像西餐那样，每个人点自己的菜，自己点自己

chī. Chī zhōngcān hěn rènao， yìbiān chīfàn yìbiān hē jiǔ， yí
吃。吃中餐很热闹，一边吃饭一边喝酒，一

gè cài shànglai， dàjiā dōu kěyǐ chī， bù fēn nǐ wǒ， yǒushíhou
个菜上来，大家都可以吃，不分你我，有时候

zhǔrén hái wèi kèrén jiā cài， biǎoshì duì kèrén de yǒuhǎo. Tā
主人还为客人夹菜，表示对客人的友好。他

xiànzài yuèláiyuè xǐhuan zhèzhǒng yòngcān fāngshì, juéde zhèyàng
现在越来越喜欢这种用餐方式，觉得这样

kěyǐ hěn kuài lājìn gēn péngyou de jùlí, érqiě chīfàn yě bù
可以很快拉近跟朋友的距离，而且吃饭也不

xiǎnde nàme wúliáo. Dàiwéi qùle bùshǎo dìfang, tā fāxiàn bùtóng
显得那么无聊。戴维去了不少地方，他发现不同

de dìfang shàngcài de shùnxù shì bù yíyàng de. Lìrú zài běifāng
的地方上菜的顺序是不一样的。例如在北方

chīfàn yìbān dōu shì zuì hòu shàng tāng, ér zài nánfāng,
吃饭一般都是最后上汤(soup)，而在南方，

tāng chángcháng xiān shànglai, xiān hē tāng, hòu chī cài. Búguò
汤常常先上来，先喝汤，后吃菜。不过

zǒngtǐ shang de shùnxù chàbuduō, zuòhǎo yǐhòu, xiān yào yì hú
总体上的顺序差不多，坐好以后，先要一壶

chá, jiù kāishǐ diǎncài. Shàngcài de shùnxù shì xiānliángcài, hòu
茶，就开始点菜。上菜的顺序是先凉菜，后

rècài, ránhòu shì zhǔshí, zuìhòu shì shuǐguǒ.
热菜，然后是主食，最后是水果。

Yǒu yì diǎn Dàiwéi dào xiànzài hái hěn hàoqí, tā fāxiàn chī
有一点戴维到现在还很好奇，他发现吃

zhōngcān de shíhou zǒngshì hē jiǔ, chī cài, bù hē jiǔ de
中餐的时候总是喝酒、吃菜，不喝酒的

rén yě shì hē yǐnliào chī cài, ér bù chī zhǔshí. Ér
人也是喝饮料吃菜，而不吃主食。而

Dàiwéi zǒngshì děng bu jí, tā xǐhuan
戴维总是等不及，他喜欢

yìbiān chī cài yìbiān chī zhǔshí.
一边吃菜一边吃主食。

Ér dāng tā yào zhǔshí de shíhou， Zhōngguó péngyou zǒngshì shuō：
而当他要主食的时候，中国朋友总是说：
“Bié zháojí， zài hē yìdiǎnr。” Dāng hē de chàbuduō shí， hěn
“别着急，再喝一点儿。”当喝得差不多时，很
duō rén jiù bǎo le， gàncuì jiù búyào zhǔshí le。
多人就饱了，干脆就不要主食了。

Dāngrán， chī zhōngcān zuì hǎo xiān xuéhuì yòng kuàizi
当然，吃中餐最好先学会用筷子
。 Dàiwéi zài liǎng nián qián jiù kāishǐ xuéyòng kuàizi，
(chopsticks)。戴维在两年前就开始学用筷子，
xiànzài yǐjīng yòng de búcuò le。 Zài tā kànlái， liǎng gè xìxì
现在已经用得不错了。在他看来，两个细细
de mùgùn， jiù néng bǎ zhuōshang suǒyǒu de dōngxi chīwán， zhè
的木棍，就能把桌上所有的东西吃完，这
jiǎnzhí shì tài shénqí le。 Kuàizi bùjǐn néng jiāzhù chángtiáo de
简直是太神奇了。筷子不仅能夹住长条的
shūcài， hái néng jiāzhù huāshēngmǐ、 wánzi
蔬菜，还能夹住花生米、丸子(round mass of
děng yuányuán de shíwù， shènzhì dòufu zhèzhǒng
food)等圆圆的食物，甚至豆腐(tofu)这种
hěn ruǎn de dōngxi， yě néng yòng kuàizi jiā qǐlai。 Xiànzài tā hěn
很软的东西，也能用筷子夹起来。现在他很
yuànyì jiāogěi zhōuwéi de rén yòng kuàizi， tā jīngcháng xiàng Yīngguó
愿意教给周围的人用筷子，他经常向英国
péngyou tuījiàn kuàizi， shuō bùjǐn néng chīfàn， hái néng huódòng
朋友推荐筷子，说不仅能吃饭，还能活动
shǒuzhǐ， yīnwèi yòng kuàizi quán kào shǒuzhǐ cāozuò
手指，因为用筷子全靠手指操作(to handle)

ne .
呢。

Dàiwéi bú tài néng hē jiǔ , dàn tā fāxiàn chī zhōngcān shí ,
戴维不太能喝酒，但他发现吃中餐时，

chángcháng xūyào hē jiǔ . Rúguǒ nǐ jiǔliàng búcuò , nǐ huì
常常需要喝酒。如果你酒量不错，你会

chéngwéi hěn shòu huānyíng de rén , yě hěn róngyì gēn zhōuwéi
成为很受欢迎的人，也很容易跟周围

de rén jiāopéngyou . Yí jù " gānbēi ", néng hěn kuài lājìn
的人交朋友。一句“干杯”，能很快拉近

rén yǔ rén de jùlí . Chī zhōngcān shí , shàng shénme cài hé
人与人的距离。吃中餐时，上什么菜和

hē shénme jiǔ zhījiān méiyǒu bìrán de liánxì , wúlùn shénme cài
喝什么酒之间没有必然的联系，无论什么菜

shànglai , dōu kěyǐ hē jiǔ . Érqiě jiǔ de zhǒnglèi yǒu hěn duō ,
上来，都可以喝酒。而且酒的种类有很多，

píjiǔ , báijiǔ , hóng jiǔ , xiāngbīn shénme dōu
啤酒、白酒、红酒、香槟 (champagne) 什么都

kěyǐ . Hěn duō rén yí dùn fàn bùzhǐ hē yì zhǒng jiǔ , kěnéng
可以。很多人一顿饭不止喝一种酒，可能

jǐ zhǒng jiǔ dōu hē . Chī yì zhuō zhōngcān rècài bǐjiào duō , rè
几种酒都喝。吃一桌中餐热菜比较多，热

cài bùjǐn yào zhàogù bùtóng rén de kǒuwèi , háiyào hūn sù dāpèi ,
菜不仅要照顾不同人的口味，还要荤素搭配，

yúxiā , zhūròu , niúròu , jīròu , shūcài zuìhǎo dōu qíquán .
鱼虾、猪肉、牛肉、鸡肉、蔬菜最好都齐全。

Suǒyǐ zhōngcān diǎncài yě shì yì mén xuéwen , diǎn de hǎo , dāpèi
所以中餐点菜也是一门学问，点得好，搭配

de hǎo , zhè dùn fàn chī qǐlai jiù shūfu . Diǎn de bù hǎo , yǒu
得好，这顿饭吃起来就舒服。点得不好，有

hěn duō chóngfù de cài , zhè dùn fàn chī qǐlai jiù bú nàme shūfu ,
很多重复的菜，这顿饭吃起来就不那么舒服，

xiànzài Dàiwéi yě xuézhe gēn péngyou yìqǐ diǎn zhōngcān le .
现在戴维也学着跟朋友一起点中餐了。

Chúcǐ yǐwài , Dàiwéi hái zhīdaole chī zhōngcān de hěn duō
除此以外，戴维还知道了吃中餐的很多

lǐjié . Bǐrú dàjiā zài yìqǐ chīfàn , yīnggāi děng
礼节 (etiquette)。比如大家在一起吃饭，应该等

niánjì dà de huòzhě dìwèi gāo de rén xiān kāishǐ , qítā rén cái néng
年纪大的或者地位高的人先开始，其他人才能

kāishǐ chī , yīnggāi gěi niánlíng dà de rén huò dìwèi gāo de rén jìngjiǔ
开始吃，应该给年龄大的人或地位高的人敬酒

děngděng . Dàiwéi juéde zhōngcān li hái yǒu hěn duō xuéwen , tā
等等。戴维觉得中餐里还有很多学问，他

xūyào yòng gèng cháng de shíjiān lái xuéxí .
需要用更长的时间来学习。

Yángkuàicān zài Zhōngguó

洋快餐在中国

Zài Zhōngguó, yángkuàicān yǐ
在中国，洋快餐(Western fast food)以

Màidāngláo, Kěndéjī wéi dàibiǎo, tāmen zài Zhōngguó cónglái
麦当劳、肯德基为代表，它们在中国从来

dōu bù quēfá xiāofèizhě. Yóuyú Zhōngguó xiāofèi shìchǎng jùdà,
都不缺乏消费者。由于中国消费市场巨大，

suǒyǐ yángkuàicān suíchùkějiàn. Zài dà-zhōngxíng chéngshì li,
所以洋快餐随处可见。在大中型城市里，

fánhuá de shāngchǎng, shízì lùkǒu, chēzhàn, jīchǎng, xiǎoqū
繁华的商场、十字路口、车站、机场、小区

děng， dàochù dōu kěyǐ kàndào yángkuàicān de shēnyǐng.
等，到处都可以看到洋快餐的身影。

Háizimen shì Màidāngláo，Kěndéjī de zhǔyào xiāofèizhě.
孩子们是麦当劳、肯德基的主要消费者。

Yǐqián， hěn duō jiāzhǎng jīngcháng bǎ qù Màidāngláo， Kěndéjī
以前，很多家长经常把去麦当劳、肯德基
dāngzuò gǔlì háizi de shǒuduàn， shuō：“Háizi， hǎohāo
当作鼓励孩子的手段，说：“孩子，好好
xuéxí， rúguǒ nǐ kǎo de hǎo， jiù dài nǐ qù chī yí dùn Kěndéjī.”
学习，如果你考得好，就带你去吃一顿肯德基。”
Bù zhīdao wèishénme， hěn duō háizi dōu xǐhuan yángkuàicān de
不知道为什么，很多孩子都喜欢洋快餐的
wèidào， hǎoxiàng zǒng yě chī bú gòu shìde. Yǒuxiē jiāzhǎng pà
味道，好像总也吃不够似的。有些家长怕
háizi zhǎng pàng， bù gǎn jīngcháng dài háizi qù chī， yǒuxiē
孩子长胖，不敢经常带孩子去吃，有些
jiāzhǎng wèile mǎnzú háizi de yāoqiú， zé chángcháng dài háizi
家长为了满足孩子的要求，则常常带孩子
qù chī.
去吃。

Chúle xiǎoháizi， niánqīngrén yě shì zhè lèi yángkuàicān de
除了小孩子，年轻人也是这类洋快餐的
xiāofèi zhǔtǐ. Zhōngxuéshēng， dàxuéshēng， dānshēn nánnǚ，
消费主体。中学生、大学生、单身男女、
niánqīng fūfù yě jīngcháng chūrù Màidāngláo， Kěndéjī.
年轻夫妇也经常出入麦当劳、肯德基。
Zhōngxuéshēngmen fàngxué hòu， chángcháng sānwǔchéngqún
中学生们放学后，常常三五成群(in

de qù chī, yě yǒu hěn duō dānshēn nánnǚ, zài
small groups) 地去吃，也有很多单身男女，在
lǐmian diǎnshàng yí fèn tàocān, yìbiān chī yìbiān shàngwǎng,
里面点上一份套餐，一边吃一边上网，
yǒushíhou néng zài lǐmian tíngliú yì-liǎng gè xiǎoshí shènzhì gèng cháng
有时候能在里面停留一两个小时甚至更长
shíjiān. XiǎoQián dàxué gāng bìyè sān nián, tā zhè yídài cóngxiǎo
时间。小钱大学刚毕业三年，她这一代从小
jiù xǐhuan chī yángkuàicān, suǒyǐ tā bìyè yǐhòu, réngrán shì
就喜欢吃洋快餐，所以她毕业以后，仍然是
zhèli de chángkè. Wǔcān, wǎncān jīngcháng zài zhèli jiějué.
这里的常客。午餐、晚餐经常在这里解决。
Dàole zhōumò, yǒushíhou qǐchuáng hěn wǎn, shí lái diǎnzhōng
到了周末，有时候起床很晚，十来点钟
le, hěn duō zhōngcānguǎn dōu yǐjīng bú mài zǎocān le, tā jiù
了，很多中餐馆都已经不卖早餐了，她就
dào fùjìn de Màidāngláo,
到附近的麦当劳，
yōuxián-zìzài
悠闲自在 (relaxed,
de diǎnshàng yí
leisurely) 地点上一
fèn tàocān, bāokuò yí gè
份套餐，包括一个
hànbǎo, yí
汉堡 (hamburger)、一
fèn zháshǔtiáo,
份炸薯条 (French fries)、

yì bēi kělè, mànmān de chī, kànzhe mǎlù shang de fēngjǐng,
一杯可乐，慢慢地吃，看着马路上的风景，

gǎnjué hěn búcuò. Yǒushíhou chīzhe chīzhe jiù dào zhōngwǔ le,
感觉很不错。有时候吃着吃着就到中午了，

suǒxìng zài diǎn liǎng gè zhájīchì, jiù suànshì lián wǔfàn yìqǐ
索性再点两个炸鸡翅，就算是连午饭一起

jiějué le.
解决了。

Yángkuàicān jìnrù Zhōngguó de lìshǐ bìng bù cháng,
洋快餐进入中国的历史并不长，

Kěndéjī shì nián jìnrù Zhōngguó de, dāngshí zài Běijīng
肯德基是1987年进入中国的，当时在北京

Qiánmén fùjìn kāile jiā diàn. Nà shíhou Zhōngguó gānggāng
前门附近开了第一家店。那时候中国刚刚

gǎigé kāifàng bùjiǔ, dàjiā dōu méiyǒu chīguo yángkuàicān,
改革开放不久，大家都没有吃过洋快餐，

suǒyǐ dōu yǒu chángchang xīnxiān de xiǎngfǎ. Gāng kāiyè shí, hěn
所以都有尝尝新鲜的想法。刚开业时，很

duō rén wèile néng chī yí cì Kěndéjī, yào zuò yī-liǎng gè xiǎoshí
多人为了能吃一次肯德基，要坐一两个小时

chē, rén duō de shíhou yào děng liǎng-sān gè xiǎo shí, dàn jíshǐ
车，人多的时候要等两三个小时，但即使

zhèyàng, yě dǎng bu zhù rèqíng de rénqún. Rújīn zhèzhǒng
这样，也挡不住热情的人群。如今这种

qíngkuàng yǐjīng jiàn bu dào le, Kěndéjī zài Běijīng yǐjīng
情况已经见不到了，肯德基在北京已经

dàochù dōu shì le, wúlùn shénme shíjiān qù, jīběn shàng dōu
到处都是了，无论什么时间去，基本上都

néng zhǎodào zuòwèi, érqiě tánqǐ yángkuàicān, rénmen yǐjīng
能找到座位，而且谈起洋快餐，人们已经
yìdiǎnr yě bù juéde xīnxiān le.
一点儿也不觉得新鲜了。

Gāozhōngshēng miáomiao shuō, měi gé yī-liǎng gè xīngqī, tā
高中生苗苗说，每隔一两个星期，她
jiùyào hé tóngxué guānggù yángkuàicāntīng yí
就要和同学光顾 (to patronize) 洋快餐厅一
cì, yìbiān chī hànbǎo, shǔtiáo, hē kělè, nǎixī, yìbiān
次，一边吃汉堡、薯条，喝可乐、奶昔，一边
liáotiān. Tā shuō: "Kěyǐ shuō, wǒmen shì chī Kěndéjī,
聊天。她说："可以说，我们是吃肯德基、
Màidāngláo zhǎngdà de. Rúguǒ jiào cháng yí duàn shíjiān méi chī,
麦当劳长大的。如果较长一段时间没吃，

jiù juéde shēnghuó zhōng hǎoxiàng quēle shénme. Wǒ xǐhuan chī
就觉得生活中好像缺了什么。我喜欢吃

yángkuàicān, yě xǐhuan cāntīng de huánjìng, gànjìng, zhěngjié,
洋快餐，也喜欢餐厅的环境，干净、整洁、

shǎngxīn-yuèmù." Guānyú yángkuàicān shì "lājī shípǐn" de
赏心悦目①。”关于洋快餐是“垃圾食品”的

wèntí, tā rènwéi, yī shì tāmen méiyǒu tiāntiān chī, èr shì měi
问题，她认为，一是她们没有天天吃，二是每

cì chī de yě bù duō, yīnggāi bú huì duì shēntǐ yǒu shénme wēihài.
次吃得也不多，应该不会对身体有什么危害。

Yángkuàicān jìnrù Zhōngguó hòu, kǒuwèi yě zài suízhe
洋快餐进入中国后，口味也在随着

Zhōngguórén de kǒuwèi ér biànhuà. Yǒude zhēnduì Zhōngguó
中国人的口味而变化。有的针对中国

shìchǎng zēngjiāle xīn de pǐnzhǒng, yǒude tuīchūle hěn duō xīn
市场增加了新的品种，有的推出了很多新

de chǎnpǐn. Lìrú Kěndéjī, jiù bù jǐnjǐn mài hànbǎobāo,
的产品。例如肯德基，就不仅仅卖汉堡包、

shǔtiáo, kělè zhīlèi de, zuìjìn jǐ nián, tuīchūle zhōngshì
薯条、可乐之类的，最近几年，推出了中式

zǎocān, bǐrú dòujiāng, yóutiáo, pídànshòuròuzhōu,
早餐，比如豆浆、油条、皮蛋瘦肉粥②、

xiānggūjīròuzhōu děng, ér zhǔshí yě yǒu biànhuà, bǐrú, fùyǒu
香菇鸡肉粥等，而主食也有变化，比如，富有

Chuānwèi tèsè de Chuānlànènniúwǔfāng, qiǎoshǒumápójīròufàn,
川味特色的川辣嫩牛五方、巧手麻婆鸡肉饭，

① be pleasing to both the eye and the mind
② congee with pork and preserved duck egg

fùyǒu Běijīng wèi de lǎo Běijīng jīròujuǎn . Zhèyàng tāmen de gùkè
富有北京味的老北京鸡肉卷。这样他们的顾客

fànwéi jiù kuòdà le , hěn duō zhōng-lǎonián rén yě kěyǐ zǒujìn
范围就扩大了，很多中老年人也可以走进

Kěndéjī , láishàng yí fèn yóutiáo , dòujiāng .
肯德基，来上一份油条、豆浆。

Zài Zhōngguó chuántǒng jiérì Chūn Jié jíjiāng láilín shí ,
在中国传统节日春节即将来临时，

zhòngduō yángkuàicān dōu fēnfēn tuīchū rónghéle Zhōngguó yuánsù de
众多洋快餐都纷纷推出融合了中国元素的

chǎnpǐn , Xīngbākè jiāng xīnpǐn kāfēi zhōng jiārù Zhōngguóchá ;
产品，星巴克将新品咖啡中加入中国茶；

Bàng! Yuēhàn yě tuīchūle lèisì Shànghǎi Qiāng bǐng
棒！约翰也推出了类似上海羌饼(puffy

de bǐsàbǐng ; Hǎolúngē tuīchūle dǎngshēn ,
pancake)的比萨饼；好伦哥推出了党参①、

jǔqǐzǐ děng áozhìchéng de zhēnjūn zībǔ liàngtāng . Buduàn
枸杞子②等熬制成的真菌滋补靓汤。不断

jiādà Zhōngguó yuánsù de yángkuàicān , jièyòng běntǔhuà chǎnpǐn
加大中国元素的洋快餐，借用本土化产品

búduàn kuòzhāng shìlì fànwéi .
不断扩张势力范围。

Yóuyú hěn duō yángkuàicān shì xiǎoshí yíngyè de , zài
由于很多洋快餐是24小时营业的，在

fāngbiàn gùkè fāngmiàn zuò de hěn hǎo . Tāmen hái yǒu sòngcān fúwù ,
方便顾客方面做得很好。他们还有送餐服务，

---

① *dangsen* [Codonopsis pilosola]

② fruit of Chinese wolfberry

zhǐyào yí gè diànhuà, jiù kěyǐ jiāng suǒ yào de shíwù sòngdào
只要一个电话，就可以将所要的食物送到

zhǐdìng de dìdiǎn, jiā li, bàngōngshì, gōngdì shang dōu
指定的地点，家里、办公室、工地上都

kěyǐ. Suǒyǐ yǒu hěn duō rén xǐhuan zhèzhǒng wàimài
可以。所以有很多人喜欢这种外卖(takeaway)

de fāngshì.
的方式。

Zài fúwù shang, yángkuàicān zuò de yě búcuò. Tāmen hěn
在服务上，洋快餐做得也不错。他们很

zhùyì zūnzhòng gùkè, wéi gùkè chuàngzào liánghǎo de jiùcān
注意尊重顾客，为顾客创造良好的就餐

huánjìng. Bǐrú rúguǒ háizi guò shēngri, tāmen huì miǎnfèi sòng
环境。比如如果孩子过生日，他们会免费送

xiē xiǎo lǐpǐn , yě kěyǐ yōuhuì yòngcān . Wèile fāngbiàn dài
些小礼品，也可以优惠用餐。为了方便带
háizi de jiāzhǎng , hěn duōdiàn li háiyǒu értóng yóuxìqū , lǐmian
孩子的家长，很多店里还有儿童游戏区，里面
fàng yìxiē értóng yóuxì de shèshī . Měi cì yòngcān , hái sòng yìxiē
放一些儿童游戏的设施。每次用餐，还送一些
jìniànpǐn , yǒude jìniànpǐn shì chéngtào de , háizimen dédào
纪念品，有的纪念品是成套的，孩子们得到
yí jiàn hòu , hái xiǎng bǎ zhè yí tào shōují qíquán , jiù bùtíng de
一件后，还想把这一套收集齐全，就不停地
qù chī . Zhèxiē yíngxiāo fāngfǎ yǐngxiǎngle hěn duō zhōngcānguǎn ,
去吃。这些营销方法影响了很多中餐馆，
tāmen yě kāishǐ xuéxí xīyǐn gùkè de fāngfǎ , gèng hǎo de wéi
他们也开始学习吸引顾客的方法，更好地为
gùkè fúwù .
顾客服务。

Dāngrán , chúle Màidāngláo , Kěndéjī zhèxiē Měiguó de
当然，除了麦当劳、肯德基这些美国的
yángkuàicān yǐwài , yě yǒu yuèláiyuè duō qítā guójiā de kuàicāndiàn
洋快餐以外，也有越来越多其他国家的快餐店
jìnrù Zhōngguó . Rìběn de , Hánguó de , Yìdàlì de ,
进入中国。日本的、韩国的、意大利的，
děngděng , yě fēnfēn láidào Zhōngguó shìchǎng . Zǒngzhī , hàochī
等等，也纷纷来到中国市场。总之，好吃
de , fāngbiàn de yángkuàicān , hěn shòu Zhōngguórén de huānyíng .
的、方便的洋快餐，很受中国人的欢迎。

Zhōngcān de Lǐyí
中餐的礼仪

Zhōngguó zìgǔ jiùshì lǐyí zhībāng, zài jiǎngjiu mín yǐ shí
中国自古就是礼仪之邦，在讲究民以食
wéitiān de guódù li, yǐnshí lǐyí zìrán chéngwéi yǐnshí wénhuà de
为天的国度里，饮食礼仪自然成为饮食文化的
yí gè zhòngyào bùfen. Lǎo Wáng fēicháng zhùyì jiàoyù háizi chīfàn
一个重要部分。老王非常注意教育孩子吃饭
shí de xíngwéi, lǐmào, yóuqí shì jiā li yǒule kèrén, huòzhě
时的行为、礼貌，尤其是家里有了客人，或者

xūyào chūqu cānjiā yànhuì de shíhou . Xiànzài háizi yǐjīng cānjiāle
需要出去参加宴会的时候。现在孩子已经参加了
gōngzuò , zài jiāojì chǎnghézuò de hěn hǎo .
工作，在交际场合做得很好。

Shǒuxiān shuō yīnggāi zuò zài shénme wèizhì . Zài zhōngcān
首先说应该坐在什么位置。在中餐
yànqǐng huódòng zhōng , wǎngwǎng cǎiyòng yuánzhuō . Zài bùtóng
宴请活动中，往往采用圆桌。在不同
wèizhì bǎifàng de yuánzhuō yǒu zūnbēi de qūbié , měi zhāng yuánzhuō
位置摆放的圆桌有尊卑的区别，每张圆桌
shang bùtóng de zuòcì yě yǒu zūnbēi zhī fēn . Yuánzhuō wǎngwǎng dōu
上不同的座次也有尊卑之分。圆桌往往都
yǒu yí gè zhǔzuò . Zhǔzuò zài fànguǎn li yìbān yǒu tèshū de biāozhì ,
有一个主座。主座在饭馆里一般有特殊的标志，
zhège wèizhì shang bǎifàng de cānjīn xíngzhuàng gēn qítā de bùtóng .
这个位置上摆放的餐巾形状跟其他的不同。
Rúguǒ méiyǒu míngxiǎn de biāozhì , wǎngwǎng duìzhe ménkǒu de
如果没有明显的标志，往往对着门口的
wèizhì bǐjiào zhòngyào . Zhǔ zuò shì zhǔrén zuò de wèizhì , kèrén
位置比较重要。主座是主人坐的位置，客人
búyào xiān zhànle zhège wèizhì , miǎnde zàochéng gāngà
不要先占了这个位置,免得造成尴尬(awkward)
de chǎngmiàn . Zhǔ zuò de zuǒbiān hé yòubiān liǎng gè wèizhì , shì
的场面。主座的左边和右边两个位置，是
bǐjiào zhòngyào de , ránhòu wǎng xià páiliè . Zhèyàng nǐ jiù kěyǐ
比较重要的，然后往下排列。这样你就可以
gēnjù zìjǐ de shēnfen , xuǎnzé zuòwèi le . Wèile biǎoshì qiānxū
根据自己的身份，选择座位了。为了表示谦虚

, zìjǐ kěyǐ xiānzuò zài xiàzuò de wèizhì , děng zhǔrén
(modest)，自己可以先坐在下座的位置，等主人

láile yǐhòu , zài qǐng dào shàngzuò . Rúguǒ kèrén láide bǐjiào
来了以后，再请到上座。如果客人来得比较

zǎo , yīnggāi jǐnliàng děng yi děng biéren , ér búshì zhíjiē zuò zài
早，应该尽量等一等别人，而不是直接坐在

zuòwèi shang . Dāngrán rúguǒ shì fēicháng zhèngshì de yànhuì ,
座位上。当然如果是非常正式的宴会，

zhuōzishang dōu huì fàng zhuōqiān , xiězhe gè wèi kèrén de míngzi ,
桌子上都会放桌签，写着各位客人的名字，

nà shíhou nǐ jiù zhǎodào zìjǐ de míngzi , gēn dàjiā yìqǐ àn
那时候你就找到自己的名字，跟大家一起按

zuòwèi zuòxia jiù kěyǐ le .
座位坐下就可以了。

Zhōngcānzhuō shang , zhǔyào de cānjù shì kuàizi . Yòng kuàizi
中餐桌上，主要的餐具是筷子。用筷子

yě yǒu yìxiē jīběn de lǐyí . Lìrú bù néng yòng kuàizi qiāodǎ
也有一些基本的礼仪。例如不能用筷子敲打

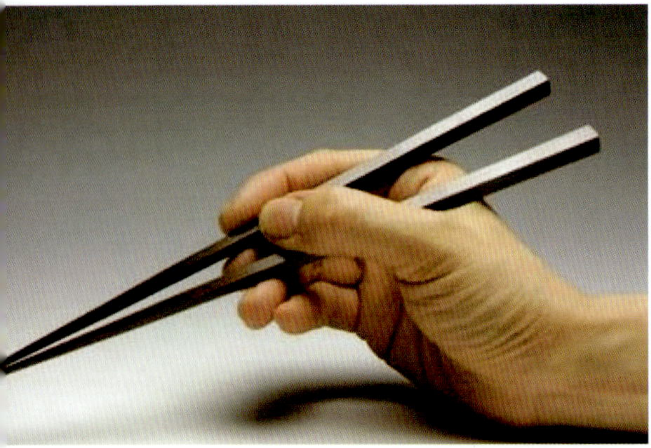

zhuōzi ,
(to strike) 桌子，

yě bù néng liǎng gēn
也不能两根

kuàizi xiānghù qiāodǎ ,
筷子相互敲打，

huòzhě ná yì gēn
或者拿一根

kuàizi suíyì qiāodǎ
筷子随意敲打

wǎn , pánzi huò bēizi . Zài chīfàn qián , fāfàng kuàizi de shíhou ,
碗、盘子或杯子。在吃饭前，发放筷子的时候，
yào bǎ kuàizi yì shuāngshuāng lǐshùn , ránhòu
要把筷子一双双理顺(put in order)，然后
qīngqīng de fàng zài měi gè cānwèi qián . Xiāngjù jiào yuǎn shí , kě
轻轻地放在每个餐位前。相距较远时，可
qǐng rén dìjiāo guòqu , bù néng suíshǒu rēng guòqu , gèng bù
请人递交过去，不能随手扔过去，更不
néng diào zài zhuōzi xiàmian . Kuàizi bù néng yì héng yí shù jiāochā
能掉在桌子下面。筷子不能一横一竖交叉
bǎifàng , yě bù néng yì gēn dàtóu , yì gēnxiǎotóu . Kuàizi yào bǎi
摆放，也不能一根大头，一根小头。筷子要摆
zài wǎn de pángbiān , bù néngfàng zài wǎnshanghuòchā zài wǎnzhōng .
在碗的旁边，不能放在碗上或插在碗中。
Rúguǒ chīfàn shí , nǐ yīnwèi mǒuzhǒng yuányīn zànshí líkāi , yào
如果吃饭时，你因为某种原因暂时离开，要
bǎ kuàizi qīngqīng gē zài zhuōshanghuò pánzi pángbiān . Jiā cài shí ,
把筷子轻轻搁在桌上或盘子旁边。夹菜时，
bù néng yòng kuàizi zài pánzi li luàn fān . Yùdào biéde bīnkè yě
不能用筷子在盘子里乱翻。遇到别的宾客也
lái jiā cài shí , yào zhùyì búyào pèngdào biéren de kuàizi . Yòngcān
来夹菜时，要注意不要碰到别人的筷子。用餐
guòchéng zhōng jìnxíng jiāotán , bù néng bǎ kuàizi dàngchéng dàojù
过程中进行交谈，不能把筷子当成道具
, zài cānzhuō shang luàn wǔ . Chīwán yǐhòu , kuàizi yīng
(pron)，在餐桌上乱舞。吃完以后，筷子应
zhěngqí de fàng zài wǎn yòubiān de zhuōshang , bìng yīnggāi děng
整齐地放在碗右边的桌上，并应该等

qítā rén dōu fàngxia kuàizi hòu, zài zhǔrén shìyì
其他人都放下筷子后，在主人示意 (to motion)

sànxí shí, cái
散席 ([of a dinner party or banquet] be over) 时，才

kěyǐ líkāi zuòwèi.
可以离开座位。

Chī zhōngcān shí, zhǔrén huì xiàng kèrén jièshào cài de tèdiǎn,
吃中餐时，主人会向客人介绍菜的特点，

bìng jiànyì kèrén duō chī yìdiǎnr. Yǒushí rèqíng de zhǔrén hái huì
并建议客人多吃一点儿。有时热情的主人还会

qīnzì gěi kèrén jiā cài, zhè shì zhǔrén rèqíng hàokè de biǎoxiàn,
亲自给客人夹菜，这是主人热情好客的表现，

chūyú lǐjié de xūyào, bīnkè yīng biǎoshì gǎnxiè, huòzhě shuō
出于礼节的需要，宾客应表示感谢，或者说

"nínbúyòng kèqi , wǒ zìjǐ lái ba" zhèyàng de huà. Gěi kèrén
"您不用客气，我自己来吧"这样的话。给客人
jiā cài yào zhùyì shǐyòng gōnggòng kuàizi , bìmiǎn shǐyòng zìjǐ
夹菜要注意使用公共筷子，避免使用自己
yòngguo de kuàizi . Chúle jiā cài yǐwài , zhǔrén hái huì rèqíng de
用过的筷子。除了夹菜以外，主人还会热情地
quàn kèrén hē jiǔ , xīwàng kèrén duō hē yìdiǎnr . Yīngguórén
劝客人喝酒，希望客人多喝一点儿。英国人
Yuēhàn gāng lái Zhōngguó de shíhou , hěn bù xíguàn zhè yì diǎn.
约翰刚来中国的时候，很不习惯这一点。
Yīnwéi zài chī xīcān shí bú huì chūxiàn zhèzhǒng qíngkuàng.
因为在吃西餐时不会出现这种情况。

Yìbān rènwéi , chīfàn shí zhōngtú líkāi shì bù
一般认为，吃饭时中途(halfway)离开是不
lǐmào de . Dàn rúguǒ yǒu tèshū yuányīn , xiàng zhǔrén jiěshì
礼貌的。但如果有特殊原因，向主人解释
shuōmíng hòu , xiàng dàjiā biǎoshì qiànyì , yě shì kěyǐ lǐjiě
说明后，向大家表示歉意，也是可以理解
de . Rúguǒ yuē hǎole shíjiān , zuìhǎo búyào chídào , yīnggāi tíqián
的。如果约好了时间，最好不要迟到，应该提前
fēnzhōng zuǒyòu dàodá . Chīwán yǐhòu shìdàng biǎoshì gǎnxiè .
10分钟左右到达。吃完以后适当表示感谢。
Líkāi de shíhou , yě qǐng zhǎngzhě , nǚshì xiānzǒu .
离开的时候，也请长者、女士先走。

Lìngwài hái yǒu hěn duō lǐjié , bǐrú bùguǎn yǔ pángbiān
另外还有很多礼节，比如不管与旁边
de rén rènshi bu rènshi , yīnggāi yǒu lǐmào de jiāotán , ér bù
的人认识不认识，应该有礼貌地交谈，而不

yīnggāi zhǐ gùzhe chī zìjǐ de. Zài bǐrú fùyàn de fúzhuāng yīnggāi
应该只顾着吃自己的。再比如赴宴的服装应该

zhěngjié, rúguǒ yào tuō wàitào, yīnggāi tíqián tuō, búyào chīfàn
整洁，如果要脱外套，应该提前脱，不要吃饭

de shíhou tuō wàiyī huòzhě chǎngkāi kòuzi děngděng.
的时候脱外衣或者敞开(open wide)扣子等等。

Suízhe Zhōng-Xī yǐnshí wénhuà de búduàn jiāoliú, zhōngcān
随着中西饮食文化的不断交流，中餐

lǐyí yuèláiyuè shòudào wàiguórén de qīnglài.
礼仪越来越受到外国人的青睐(be popular with)。

Xiànzài Yuēhàn yǐjīng zài Zhōngguó zhùle liǎng nián le, liǎojiěle
现在约翰已经在中国住了两年了，了解了

dàbùfen lǐjié. Dànshì yóuyú Zhōngguó hěn dà, bùtóng de dìfang
大部分礼节。但是由于中国很大，不同的地方

yě huì yǒu bùtóng de jiǎngjiu, suǒyǐ tā měi dào yí chù, dōu xiān
也会有不同的讲究，所以他每到一处，都先

wènwen tā de Zhōngguó péngyou xūyào zhùyì shénme.
问问他的中国朋友需要注意什么。

Zhōngcān li de Wénhuà
中餐里的文化

Zhōngguó cānyǐn wénhuà yuányuǎn-liúcháng , shì Zhōngguó
中国餐饮文化源远流长，是中国
wénhuà de zhòngyào zǔchéng bùfen . Pǐnzhǒng zhòngduō , fēngwèi
文化的重要组成部分。品种众多、风味
dútè de měishí jiayáo , shēnshēn de xīyǐnzhe wúshù
独特的美食佳肴 (delicacy)，深深地吸引着无数
de měishí àihàozhě .
的美食爱好者。

Xiǎo Liú fēicháng
小刘非常
xǐhuan zuòcài , tā de
喜欢做菜，他的
lǐxiǎng jiùshì zuò yì
理想就是做一
míng chúshī , qīnzì
名厨师，亲自
zuòchū měiwèi kěkǒu de
做出美味可口的
zhōngcān . Tā shuō :
中餐。他说：
" Kànzhe biéren chī de
“看着别人吃得

jīnjīnyǒuwèi , shì yì zhǒng xiǎngshòu . ” Yào xiǎng
津津有味(with relish)，是一种享受。”要想
zuòchū yì shǒu dìdao de zhōngcān , děi jīngguò zhuānmén de péixùn
做出一手地道的中餐，得经过专门的培训
(training)。

Xiǎo Liú jìnrù chúshī péixùnbān , cái zhīdào zhìzuò zhōngcān
小刘进入厨师培训班，才知道制作中餐
tài jiǎngjiu le . Shīfu gàosu tā , yào xiān cóng xuéxí dāogōng
太讲究了。师傅告诉他，要先从学习刀工
kāishǐ . Dāogōng? Tā yǐqián cónglái méiyǒu xiǎngguo , dāogōng
开始。刀工？他以前从来没有想过，刀工
bú jiùshi qiē cài ma? Shīfu shuō : “ Shì de . Dànshì chúshī qiē cài
不就是切菜吗？师傅说：“是的。但是厨师切菜
gēn pǔtōngrén qiē cài bù yíyàng , pǔtōngrén qiē cài , bǎ cài qièduǎnle
跟普通人切菜不一样，普通人切菜，把菜切短了
jiù kěyǐ le . Ér chúshī qiē cài yídìng yào yǒu yìshùxìng ,
就可以了。而厨师切菜一定要有艺术性，
bùjǐn yāoqiú sùdù , hái yāoqiú hǎokàn , zuìhǎo dádào yìshù
不仅要求速度，还要求好看，最好达到艺术
de gāodù . Bǐrú luóbo kěyǐ qiē chéng júhuā de
的高度。比如萝卜(radish)可以切成菊花的
xíngzhuàng . Rúguǒ xūyào , hái kěyǐ kèchū gèzhǒng xiǎo dòngwù
形状。如果需要，还可以刻出各种小动物
xíngzhuàng . Zhìyú yú de qiē fǎ , jiù yǒu jǐshí zhǒng . Yǒuxiē rén
形状。至于鱼的切法，就有几十种。有些人
guāng xuéxí qiē cài jiù yào xué hǎo jǐ nián ne . ”
光学习切菜就要学好几年呢。”

Shīfu shuō, zhōngcān zuì jiǎngjiu sè, xiāng, wèi. "Sè"
师傅说，中餐最讲究色、香、味。“色”
jiùshì yánsè, shǒuxiān zuò chūlai de cài yánsè yào hǎokàn, yào
就是颜色，首先做出来的菜颜色要好看，要
néng yǐnqǐ gùkè de shíyù, yǐnde gùkè kànwán jiù
能引起顾客的食欲(appetite)，引得顾客看完就
xiǎng chī. Yánsè yào jiǎngjiu dāpèi xiétiáo, shénme cài pèi shénme
想吃。颜色要讲究搭配协调，什么菜配什么
yánsè, yí gè cài duōshao zhǒng yánsè, zhèdōu shì yǒu hěn duō
颜色，一个菜多少种颜色，这都是有很多
xuéwen de. "Xiāng" jiùshi yào hǎowén, wǒmen shuō fàncài
学问的。“香”就是要好闻，我们说饭菜
hàochī, jīngcháng shuō "zhēn xiāng a", "tā chī de hǎo xiāng
好吃，经常说“真香啊”、“他吃得好香

a ". Zhǐyǒu "xiāng" cái néng ràng rén tǐhuì dào měiwèi.
啊"。只有"香"才能让人体会到美味。
"Wèi" jiùshì wèidào yào kěkǒu, yě jiùshi shuō cài fàng zài zuǐ
"味"就是味道要可口，也就是说菜放在嘴
li, yào ràng rén gǎndào wèidào xiānměi, hàochī.
里，要让人感到味道鲜美、好吃。

Bié xiǎokàn zhè sān diǎn yāoqiú, tāmen fǎnyìngle yǐnshí
别小看这三点要求，它们反映了饮食
huódòng guòchéng zhōng suǒ bāohán de dútè wénhuà, yě
活动过程中所包含的独特文化，也
fǎnyìngle yǐnshí wénhuà yǔ Zhōnghuá chuántǒng wénhuà de mìqiè
反映了饮食文化与中华传统文化的密切
liánxì. Zhèzhǒng liánxì kěyǐ yòng "jīng", "měi", "qíng",
联系。这种联系可以用"精"、"美"、"情"、
"lǐ" jǐ gè zì lái gàikuò.
"礼"几个字来概括 (to generalize)。

Jīng, shì duì Zhōngguó yǐnshí wénhuà de nèizài pǐnzhì de
精，是对中国饮食文化的内在品质的
gàikuò, zhèzhǒng jīngpǐn yìshi zuòwéi yì zhǒng wénhuà jīngshén,
概括，这种精品意识作为一种文化精神，
shèntòu dàole zhěnggè yǐnshí huódòng guòchéng
渗透 (to permeate) 到了整个饮食活动过程
zhōng. Xuǎn liào, pēngtiáo, qìmǐn yǐjí yǐnshí
中。选料、烹调、器皿 (utensils) 以及饮食
huánjìng, dōuyào tǐxiàn yí gè "jīng" zì.
环境，都要体现一个"精"字。

Měi, tǐxiànle Zhōngguó yǐnshí wénhuà de shěnměi
美，体现了中国饮食文化的审美 (aesthetic)

tèzhēng. Zhèzhǒng měi shì zhǐ yǐnshí de xíngshì yǔ nèiróng yào
特征。这种美是指饮食的形式与内容要
wánměi tǒngyī, shì zhǐ tā gěi rénmen suǒ dàilái de shěnměi de
完美统一，是指它给人们所带来的审美的
kuàilè hé jīngshén xiǎngshòu. Zhōngcān de měi bùjǐn biǎoxiàn zài
快乐和精神享受。中餐的美不仅表现在
wèidào shang, érqiě zài xíngshì shang, yánsè shang, qìjù
味道上，而且在形式上、颜色上、器具
shang, shènzhì zài fúwù rényuán de fúzhuāng shang, dōu tòuzhe
上，甚至在服务人员的服装上，都透着
měi de chéngfèn, ràngrén shíshíkèkè gǎnjué dào měi de chōngjī hé
美的成份，让人时时刻刻感觉到美的冲击和
xiǎngshòu.
享受。

Qíng, zài Zhōngguó, chīfàn shíjì shang shì rén yǔ rén zhījiān
情，在中国，吃饭实际上是人与人之间
qínggǎn jiāoliú de méijiè, shì yì zhǒng tèshū de shèjiāo
情感交流的媒介 (medium)，是一种特殊的社交
huódòng. Gǔwǎng-jīnlái, Zhōngguórén xíguàn zài fànzhuō shang
活动。古往今来，中国人习惯在饭桌上
biǎodá líbié huò huānyíng de xīnqíng. Gǎnqíng shang de fēngbō,
表达离别或欢迎的心情。感情上的风波，
rénmen yě wǎngwǎng jiè jiǔ-cài lái píngxī. Suízhe
人们也往往借酒菜来平息 (calm down)。随着
shèhuì shēnghuó jiézòu de jiākuài, yǐnshí huódòng de shèhuì tiáojié
社会生活节奏的加快，饮食活动的社会调节
gōngnéng hé xīnlǐ ànmó zuòyòng yuèláiyuè shòudào
功能和心理按摩 (massage) 作用越来越受到

rénmen de zhòngshì .
人们的重视。

Lǐ , shì zhǐ yǐnshí huódòng de lǐyíxìng . Zhōngguó
礼 (ritual)，是指饮食活动的礼仪性。中国

yǐnshí jiǎngjiū " lǐ ", zhè yǔ Zhōngguó de chuántǒng wénhuà yǒu
饮食讲究“礼”，这与中国的传统文化有

hěn dà guānxì . Shēnglǎobìngsǐ , sòngwǎng-yínglái , jìsì děng
很大关系。生老病死、送往迎来、祭祀等

dōu yǒu xiāngyìng lǐjié . Lǐ zhǐ yì zhǒng zhìxù hé guīfàn . Zuò
都有相应礼节。礼指一种秩序和规范。坐

zài shénme wèizhì , shénme fāngxiàng , cānjù zěnme bǎifàng ,
在什么位置、什么方向、餐具怎么摆放、

shàngcài de shùnxù , chīfàn de xíngwéi , hējiǔ de fāngshì ,
上菜的顺序、吃饭的行为、喝酒的方式、

fànzhuō shang de yǔyán děngděng dōu tǐxiàn chū " lǐ ". Zhèzhǒng
饭桌上的语言等等都体现出“礼”。这种

"lǐ" de jīngshén, guànchuān zài yǐnshí huódòng
"礼"的精神，贯穿 (to permeate) 在饮食活动
guòchéng zhōng, cóng'ér gòuchéng Zhōngguó yǐnshí wénhuà de
过程中，从而构成中国饮食文化的
zhòngyào zǔchéng bùfen.
重要组成部分。

XiànzàiXiǎo Liú yǐjīng shì yì jiā fàndiàn de chúshī le, tā zuò de
现在小刘已经是一家饭店的厨师了，他做的
cài fēicháng shòu gùkè huānyíng. Tā fēicháng zhùyì zhēngxún
菜非常受顾客欢迎。他非常注意征询 (to
gùkè de yìjiàn, hěn duō gùkè dōu shi zhè jiā fàndiàn
consult) 顾客的意见，很多顾客都是这家饭店
de huítóukè, yǒuxiē cài tāmen chīle hái
的回头客 (repeat customer)，有些菜他们吃了还
xiǎng chī. Wèicǐ, Xiǎo Liú hái gēn hěn duō gùkè chéngle péngyou.
想吃。为此，小刘还跟很多顾客成了朋友。
Tā suǒ zài de fàndiàn yě jīngcháng yǒu wàiguó kèrén lái, tōngguò
他所在的饭店也经常有外国客人来，通过
yǐnshí, zhèxiē wàiguó kèrén gèngjiā liǎojiěle Zhōngguó de wénhuà,
饮食，这些外国客人更加了解了中国的文化，
zhè shì ràng Xiǎo Liú gǎndào zuì kāixīn de shì.
这是让小刘感到最开心的事。

策　　划：黄友义　王君校　韩　晖　付　眉
责任编辑：杨　晗
英文编辑：范逊敏　薛彧威
封面设计：何思倩

图书在版编目（CIP）数据

中国人的口福：汉英对照 / 李禄兴编著. -- 北京 ：华语教学出版社，2018.10
（当代中国微记录）
ISBN 978-7-5138-1633-5

Ⅰ. ①中… Ⅱ. ①李… Ⅲ. ①汉语—对外汉语教学—语言读物 Ⅳ. ①H195.5

中国版本图书馆CIP数据核字(2018)第214473号

中国人的口福

李禄兴　杨红梅　编著
*

华语教学出版社有限责任公司出版
（中国北京百万庄大街24号　邮政编码100037）
电话：(86)10-68320585　68997826
传真：(86)10-68997826　68326333
网址：www.sinolingua.com.cn
电子信箱：hyjx@sinolingua.com.cn
北京玺诚印务有限公司印刷
2019年（32开）第1版
2019年第1版第1次印刷
ISBN 978-7-5138-1633-5
定价：38.00元